真宗門徒はどこへ行くのか

崩壊する伝承と葬儀

蒲池勢至

法藏館

真宗門徒はどこへ行くのか――崩壊する伝承と葬儀　目次

I　真宗の暮らしを訪ねて

II　真宗門徒の力

III 葬儀の崩壊と再生

真宗門徒はどこへ行くのか

崩壊する伝承と葬儀

Ⅰ　真宗の暮らしを訪ねて

正月の火と仏壇のお灯明

『ひとりふたり』一一三号
法藏館・二〇一〇年一月

新しい年を迎える。仏壇にお灯明を上げ、家族そろってお参りをするところも多いだろう。「火」「灯明」とは何か、少し考えてみたい。

岐阜県郡上市明宝(旧明宝村)の気良《けら》地区にある千葉孫兵衛宅では、囲炉裏《いろり》の火を五百年間絶やさずに、今も守り続けている。訪れたとき、座敷の奥に設けられた仏間で、二十五代目にあたる当主が夕方のお勤めをしていた。仏壇には本願寺第九代実如のものと思われる五百代ほどの絵像本尊と名号が掛けられていた。千葉家は、朝夕の二回、囲炉裏の火を燃やしながら仏壇を中心とした生活を五百年間送ってきたのである。

日本人の正月行事と火は深く結びついている。新年は時間を更新するときであり、

五百年の火・千葉家

歳神《としがみ》を迎えて送るのに火を焚いてきた。火に関わる伝承と行事をみると、二つの方式がある。まず千葉家の囲炉裏のように、火を絶やさない、火を継ぐ、という伝承である。「火を継ぐ」ことは、「時間を継ぐ」ことを意味している。「大歳《おおどし》の火」といって、大晦日の年取りの晩に囲炉裏の火を消してしまった嫁が、死人の入った棺桶を預かることを条件に火種をもらった昔話がある。姑に棺桶が見つかって嫁が困っていると、桶の中から黄金色の小判が出てきたという。こうした火は「不滅の火」とも呼ばれて、芭蕉の「閑《しずけ》さや岩にしみ入る蟬の声」の句で有名な山形県立石寺、あるいは高野山奥の

千葉家の仏壇

十二光仏の灯台・清浄光寺

不滅の法灯・立石寺

院にも不滅の法灯が伝えられている。

もう一つの方式は、新しい年を迎えるのに「清浄な新しい火」を鑽《き》りだすものである。大晦日の夜、京都のオケラ火は知られている。八坂神社にお参りして、火縄に点火した火を家に持ち帰り、この火でお雑煮を煮るというものである。仏教でも同じで、時宗の本山である清浄光寺（神奈川県藤沢市）では、歳末別時念仏会《さいまつべつじねんぶつえ》の行事で「一つ火」と呼ばれる新しい火が火打ち石でおこされる。現在は十一月二十七日夜に行われているが、もともとは旧暦十二月の歳末行事であった。阿弥陀の光明にたとえられる「大光灯」や十二光仏の灯台の中、前半は報土（浄土）入りが行われる。その後、「御《お》滅灯《めっとう》」といって全ての灯明が消されて真っ暗闇になり、新しい火が点されるのである。時宗独特な抑揚のある念仏の大合唱や、息を潜める暗黒の中に点される火は感動的であった。

真宗門徒として新しい年を迎え、お仏壇にお参りする。灯明は清浄なものである。と同時に、光は智慧であり、自らの煩悩の闇を破るものであり、法灯を継ぐ意味を持つ。門徒の元旦は、「弥陀成仏のこのかたは」「智慧の光明はかりなし」……「清浄光明はかりなし」「仏光照曜最第一」の浄土和讃第一首から始まる。

彼岸参りと門徒の墓

『ひとりふたり』一一〇号
法藏館・二〇〇九年二月

「彼岸」という言葉には、どこか懐かしさを感ずる。彼岸の入り、お中日、ハテガン（果て岸）などと呼ぶ。寺院では彼岸会《え》を行い、人々は墓参する習俗になっている。多くの人は、墓参りして先祖を追憶する時季と考えているのであろう。しかし、彼岸について仏教の所説はなく、日本で成立した仏教歳事行事である。

最近では真宗門徒も春秋の彼岸になると、盛んに墓参している。ところが、門徒の墓はもともと先祖を祀るような形態ではなかった。「〇〇家先祖代々」と刻まれたものは、明治以降といってよい。現代では、ほとんどが家の先祖を祀る墓であったり、さらに死者の記念碑になってしまったが、門徒の中には少し変わった墓が伝承されてきた。墓碑銘に着目してみよう。

京都の西大谷本廟には、「蔵骨塔」「納骨塔」「祀墳《しふん》」と刻まれたものがある。墓とは遺骨を納めるところであり、元は石塔などなくて「墳」であったということであろうか。愛知県岡崎市の本宗寺や岩手県盛岡市の本誓寺などには「骨堂」とあった。石川県白山市(旧鶴来町)の専光寺墓地には、「大悲往還《だいひおうげん》」「本願力」「涅槃城」「佛」という墓があった。いかにも真宗門徒の墓と納得できる。滋賀県や北陸地方の門徒墓地をみると、「南無阿弥陀仏」であることが多い。広島県呉市の光明寺を訪れたときは、「倶会一処《くえいっしょ》」の墓石が林立していた。女性住職に「どうして南無阿弥陀仏ではなくて、倶会一処ばかりですか」と尋ねると、「南無阿弥陀仏が雨風にさらされると、もったいない」と答えてくれた。これには「さすが安芸門徒」と、改めて信心の篤さを思い知らされた。

彼岸に墓参りをすることは、真宗の教えにはずれたことではない。本山でも、通仏教に準ずるかたちということで彼岸法要を行ってきた。しかし、現代を生きる私たちが、死者に対して追憶だけになってきていることには危惧を感ずる。真宗門徒にとっての先祖とは、どこまでも念仏者としての先達である。死者に対しての悲しみや痛み、

光明寺墓地（広島県呉市）

専光寺墓地（石川県白山市）

あるいは思い出という追憶は自然な宗教的感情であるが、これだけではお念仏の世界は開かれてこない。蓮如上人は御文の中で、古崎での彼岸会は「仏法修行のよき節《おり》」と述べている。彼岸になると墓に群参する光景をみるとき、真宗門徒にとって彼岸とは何か、墓とは何かを、もういちど再考しなければならないように思う。

彼岸団子と法名軸

『ひとりふたり』一一四号
法藏館・二〇一〇年二月

「彼岸とは何か」と考えると、なかなかむずかしい。「彼岸」の語には、此岸《しがん》（この世・娑婆・穢土）から彼岸（悟りの世界・仏土・浄土）に到る（到彼岸）という意味があるが、儀礼的にみれば純粋な仏教行事ではない。仏教が日本人の民俗信仰と結びついた仏教民俗的な歳事習俗儀礼である。真宗では、それほど重要な意味を持った行事と見られていない、といってよいだろう。しかし、門徒や寺院が春秋彼岸に何もしていないというわけではない。門徒は寺に参詣して墓参する時季と思っている。尾張では「お彼岸さま、お彼岸さま」といって、戦前までゴボウサマ（名古屋御坊・別院）に参詣した。境内で行われていたサーカスや覗《のぞ》きからくりを見るのが楽しみであったという。

いまでも仏壇に彼岸団子を供えている門徒は多い。福井県の九頭竜ダムに沈んだ旧穴馬《あなま》門徒の方に、お彼岸について聞き取りをしたことがある。この門徒は水没する茅葺きの我が家に火を付けて焼却し、昭和三十九年に村を離れ名古屋に出てきた。それまでは道場を中心とした生活を営み、彼岸前には仏具の「お磨き」をすることになっていたという。山村であったので、衣類は麻を使って自分で織っていたが、刈り取った麻を干した後水につけて繊維にし、その残りかすを叩いて柔らかくしたもので磨いていた。平野部の農村地帯の門徒は、田植えの残り苗を乾燥させたもので仏具を磨いたりしていたので、麻の繊維かすを使うのは山間部の特徴であろう。団子は米を洗ってから干す、それから石臼で挽《ひ》く、ダンゴバチ（団子鉢）に入れてお湯を入れこねる、蒸す、という作業で作られた。団子をなぜ供えるのか。「団子」は米その他穀類の粉をねって丸くした食品の呼称であるが、彼岸だけでなく盆や二月十五日の涅槃会にも供物として上げられる。葬儀の枕団子もある。仏事の食物であり、死者への供え物であった。

真宗寺院ではお彼岸の時季に永代経、あるいは永代祠堂経と呼ばれる行事を行って

旧穴馬門徒の彼岸団子

永代経軸

葬列の団子（岐阜県旧根尾村）

いるところがある。死者・先祖の法名を記した法名軸を余間壇に奉懸して法要を勤め、門徒が参詣して法話などを聴聞する。法名軸は、真宗内ではごく普通のものであるとみられているが、他宗ではそれほど一般的なものではない。女人講の法名軸というように、講が所有している法名軸、尾張では同年齢の組織集団が法名軸を作ったりしていたところもある。これは真宗が死者の位牌を作らなかったことから、位牌に代わるものとして法名軸が一般化したのであろう。他宗の寺院には位牌堂があるが、真宗寺院にはない。そして永代経の法名軸は、個人や家別単位になっておらず、「集団性」「門徒団」を表していることに特徴がある。

　彼岸団子も永代経の法名軸も、死者や先祖を祭祀することと関わっている。しかし、真宗門徒の彼岸は亡き人を憶念しつつ、浄土の真実世界が私に開かれることを求めて仏法を聴聞する時である。

真宗門徒の盆と灯籠

『ひとりふたり』一一一号
法藏館・二〇〇九年六月

　真宗にとって、お盆はどうあるべきなのだろうか。愛知県安城市で、九十歳になろうとする三河門徒に「お盆は何をしてきましたか」と聞いたことがある。その話者は「お盆は特別何もしません。初盆でもしたことがありません。家で提灯を出して仏壇にお参りするだけです。お寺からもお参りには来ません。盆踊りも青年団が始めてからのことで、それまで知りませんでした」と語っていた。尾張門徒も同じで、墓参りをする程度で何もない、ということであった。禅宗や浄土宗檀家の多い村では、いまでも墓地から百八松明を点して先祖を迎えているところがある。家々では朝昼晩のお膳を供え、ナスの馬を作って先祖を送り出している。尾張には「ホトケほっとけ」という言葉があるが、つい最近まで真宗門徒の盆には、ほとんど何もなかったと言ってよい。禅宗などの盆行事とは対照的であり、テレビなどが放映する、「美しい日本の盆行事」風景とはかけ離れていた。

全国各地の門徒が盆に何もしていない、ということではない。広島県三次《みよし》市にある照林坊（本願寺派）を訪れたとき、墓地に見慣れぬものを見つけた。聞けば盆灯籠であるという。竹と紙で作られており、ニイボン（新盆）には白色の盆灯籠を親戚がいくつも墓に立て、普通の盆には八月十四日に五色のものを立てる。上部の中にはイモを四角に切って芯をさし、蠟燭を立てて点灯するのだという。広島の安芸門徒ではどこでもしている儀礼のようで、浄心寺（本願寺派・呉市焼山）墓地の様子をみると、盆灯籠がいくつも立てられている。

大谷派の本山では、七月十四日、切籠《きりこ》灯籠を両余間《よま》に飾る。紙製火袋には白・紺・赤の色紙の裳《も》が付いている。地方の寺院でも、お盆になると切籠を吊り下げているところがある。本願寺派の本山では、近世末まで献上灯籠といって趣向を凝らした灯籠が飾られ、京都の風物詩となって見物する人々でにぎわっていた。

日本人の盆行事の中で、灯籠とりわけ切籠灯籠は特別な意味を持ってきた。先祖が

浄心寺墓地（広島県呉市）

照林坊墓地の盆灯籠（広島県三次市）

新野（長野県阿南町）の盆踊りの切籠灯籠

大念仏のソウリョウ送りと切籠灯籠（愛知県豊根村）

帰ってくる道しるべである。切籠灯籠は、新盆を迎える家が庭先などに飾って、死者霊を表す象徴的シンボルとなっている。念仏踊りや盆踊りは、この切籠を中心に行われ、「送り」の最後には火を付けて燃やしたり壊したりしている。盆行事は仏教と習合した民俗信仰として形成されてきた。先祖という精霊を迎えて饗応し、再び送り出すものである。しかし、真宗では生者が死者をあたかも生きているかのように祭祀することを否定する。「かたち」にとらわれない。だから真宗門徒の盆行事は、簡素な形で行われてきた。灯籠や切籠を飾っても、民俗信仰的な儀礼と意味を脱落させている。

三河のオソウブツ

『ひとりふたり』一一六号
法藏館・二〇一〇年九月

現代、報恩講といえば手次寺《てつぎ》（檀那寺）や別院、御本山で勤められる親鸞聖人の御正忌法要に参詣すること、と思っている人が多くなった。しかし、二、三十年前までは各家ごと、同行ごと、あるいは地域の中で門徒が主体になって盛んに行われていた。

愛知県安城市旧小川では、オソウブツ（御惣仏）と呼ばれる報恩講を毎年十二月に行っている。大帳、福地、天神、小向、岩根、加美《かみ》、茂志、御林、山中といった九つのムラが、日を違えてムラ単位で連続して行う。その中の加美集落のものを見学したことがあった。加美は矢作川東岸に位置する六十戸ほどのムラで、オソウブツはカミヤ（神屋）と呼ばれる公民館を会所《えしょ》として行われる。かつては民家が会所であったと

「無縁仏」と「家畜之霊」の位牌

十字名号の本尊

いう。建物の中にはいると、正面に「帰命尽十方無碍光如来／釈達如」と墨書された十字名号が本尊として安置され、その脇に二合《ごう》の供笥《くげ》と御仏飯・香炉、さらに左右には「無縁仏」と「家畜之霊」と書いた位牌二基が安置されている。十字名号は、「小川のお寺」である蓮泉寺から借りてきたものであった。三十名ほどの参詣者があり、青の肩衣《かたぎぬ》姿が目をひく。法要は蓮泉寺住職が導師となって、次第は合掌・伽陀・漢音《かんのん》阿弥陀経・正信偈真四句目下・念仏五淘《ゆり》・和讃（五十六億七千万）・回向（願以此功徳）・御文・恩徳讃・合掌であった。ムラの中は三つの組に分かれ、各組がヤクグミ（役組）といって毎年交代で担当する。米集めの係りが「御《お》惣《そう》仏《ぶつ》枡《ます》」と書かれていた枡をもって、村中を回っていたこともあったという。

門徒が漢音阿弥陀経を読誦するというから驚く。呉音《ごおん》読みの阿弥陀経はよく読誦するが、漢音読みのものは僧侶でも普段読まない。話を聞くと、江戸時代の文化年間（一八〇四〜一八一八）から続いている「小川和讃講」が、明治から大正期にかけてムラの青年団活動で活発に行われていたという。青年は声明《しょうみょう》を習う和讃講員であった。大正二年（一九一三）生まれの門徒は、自宅でカンテラを灯しながら練習をしたものだと言い、「喉から血を出すくらいやったもんだ。

旧小川村のオソウブツの様子

雨が降ると練習をしていた。和讃の本は全部練習した。お経が読めなければ一人前でない、ということは当たり前であった」と話してくれた。本尊脇の位牌も気になった。聞くと、「無縁仏」には行方不明者や戦没者追弔の意味があり、「家畜之霊」は以前牛・豚・鶏を飼って殺していたことの供養や、養蚕組合の虫供養だという。これらが習合したものであった。

報恩講は誰が勤めるものなのか。寺院や別院・本山の僧侶だけが勤めるものではない。節談《ふしだん》説教で知られた祖父江省念師は、報恩講の心を「御真影の前に座り、お聖人様、今年もお遇《あ》いできました」と語っていた。寺院や僧侶まかせの参加型になってしまった今、門徒一人ひとりが勤めるという報恩講の原点に立ち戻る必要がある。

「食」からみる宗教文化――御仏飯・お華束・餅・お斎・汁――

四日市市冨田地区市民センター　二〇一二年一月二十一日講演
『「虫送り」資料集（２）』
賑わいのある文化の香るまちづくり委員会・二〇一二年三月

はじめに

名古屋市の西区から来ました蒲池勢至と申します。四日市市はとても懐かしいところでして、『四日市市史　第五巻史料編民俗』（平成七年三月発行）の仕事で、平成元年（一九八九）から五年ころまで各地区を調査させていただきました。とくに北山・川島・磯津・三本松地区などは、報告書を出すために詳しく調査させていただきました。

今回、この冨田地区センターで「食」についてお話しする機会をいただきまして、いろいろ思い出しました。川島町の歴明寺さんには二十八日講というお講があって

「御本尊と御開山に供えた汁をさげて、皆の汁に入れて食べたものだ」という話、葬式の食事は「白飯に唐辛子汁、ヒラに半丁揚げの煮物、ツボに大豆とヒジキの煮物」「夕食にでる味噌汁は煮干しを使わない精進であった」という話、厄年の人は鏡餅一重ねを神社などにお供えすると上の餅は持ち帰り、下の餅は細かく切って配るものだという話などです。生桑町の鏡餅行事なども見学して印象深く残っています。後からスライドでお見せしましょう。

本日はグルメといった料理の話はできません。一番の目的は、これまで私が調査してきた真宗門徒などの行事の中で、御仏飯・お華束・餅・お斎・汁といったもののスライドを見ていただくことです。地域によって実にさまざまで、特色ある「食」です。スライドをご覧いただく前に、「食べる」ということはどういうことか、ということで御仏飯の意味、そして仏教の「精進」料理について少し触れておきたいと思います。

「食べる」ということ――御仏飯について――

四日市市は真宗門徒の多い地域です。最近はパン食などになって、御飯を朝炊かない家が多くなりましたが、かつては仏壇に向かって朝のお勤め（正信偈の勤行）が終わるとオブッパンサマ（御仏飯様）を供えたものでした。どうしてお仏壇に御飯をお供えするのでしょうか。御本尊の阿弥陀如来や先祖が食べるからでしょうか。

御仏飯の形には二通りあります。本願寺派や高田派では、仏器に御飯を円錐形に盛りつけます。一方、大谷派では筒形にしてお供えします。円錐形にするのは「未敷蓮華《みふれんげ》」といって蕾《つぼみ》の蓮華を表しているとされ、筒形は蓮の実を象った蓮実形だと言われます。いずれにしても蓮と関係していて、人間であるこの私が往生して蓮台に乗る仏と成る身にさせていただくことを示しているのでしょう。

御仏飯を供えるということは、「いただきます」と関係しています。平成八年（一九九六）ころでしたか、富山県で「いただきますは宗教か」と議論の起きたことがあります。公立小中学校の給食で「いただきます」を唱和していたところ、PTAの保護者一部から「それは宗教ではないか」と問題視されたという事件です。新聞にも載りましたし、県議会でも答弁が行われました。食事前に「いただきます」と合掌することは、日常生活の中に習慣化された作法であり、いまこの問題にあれこれ深入りしようとは思いません。しかし、たしかに「合掌」は仏教の礼拝儀礼です。大谷派では食前に「み光のもと　われ今幸《さいわ》いに　この浄《きよ》き食《しょく》を受く　いただきます」、食後に

「われ今　この浄《きよ》き食を終わりて　こころ豊かに　力身に満つ　ごちそうさまでした」と唱えます。本願寺派では食前に「多くのいのちと、みなさまのおかげにより、このごちそうをめぐまれました（司会者発音）。深くご恩を喜び、ありがたくいただきます」、食後に「尊いおめぐみをおいしくいただき、ますます御恩報謝につとめます（司会者発音）。おかげで、ごちそうさまでした」と唱えます。

こうした食前、食後に言葉を唱えることの意味は、禅宗の「五観の偈」によく表現されています。

一つには功の多少を計り、彼の来処を量《はか》る。
二つには、己が徳行の全欠を忖《はか》って、供に応ず。
三つには、心を防ぎ過を離るることは、貪等《とんとう》を宗《しゅう》とす。
四つには、正に良薬を事とすることは形枯《ぎょうこ》を療《りょう》ぜんが為なり。
五つには、成道《じょうどう》の為の故に、今此の食を受く。

修行僧はかならずこの言葉を唱えます。概略の意味は、多くの人の働きによってこの食事が用意され、今目の前にあることを感謝します、自分の行いがこの食事をいただくのに価《あたい》するものかどうか反省します、心を保ちあやまった行いをしないために貪《むさぼ》りの心である欲などを持たないようにします、この食事は良薬であり自分の身体を保ち健康を維持するためのものです、今この食事をいただくのは仏道の修行を成し遂げるためです、ということです。

真宗門徒は、仏壇に御仏飯を供えることについて、とくに大事な行為と意識して毎朝行ってきました。竈《かまど》で御飯を炊いていたころの話ですが、御仏飯の御飯を日常の御飯を炊く竈とは別にしていたところがありました。四日市市の人からは、お櫃《ひつ》に残った御飯を「ボサツ（菩薩）様」といって最後の一粒まで食べたものだと聞きました。仏壇は御本尊を安置するところですが、「仏壇は臍《へそ》みたいなもの」と教えられたことがあります。人間はお母さんの胎内にいるときは臍から栄養や空気をもらっているのですが、この世の中に出てくると臍の緒をぷつんと切られて、臍はあってもなくてもいいようなものとして忘れてしまいます。仏壇も同じようなもので、普段はあってもなくてもいいように思っていますが、本当は「いのちの源」なのです。ですから、御飯を御仏飯として供えるのは、「いのち」を「いただきます」、「いただいている、この身です」という意味が根底には潜んでいました。なにも阿弥陀さんやご先祖が食べるために供えるのではなかったのです。北陸や広島の門徒で、仏壇に箸を置いている人がありました。御飯を食べようとすると、必ず仏壇にお参りして合掌しなければ箸を手にすることができなかったのです。

「精進」ということ

仏教の食事は、基本的に精進《しょうじん》です。禅宗や浄土宗寺院の山門に、「不許葷辛酒肉入山門」（葷辛《くんしん》酒肉山門に入るを許さず）と刻まれた石柱が建っていたりします。「葷辛」とはニラ・ニンニクといった臭いの強いものや辛《から》い食物、「酒肉」は酒と肉です。つまり美味しいものであり、美味しいのでもっと食べたいと欲を起こしてしまう食べ物です。酒は気持ちよくなって酔っぱらい、迷いを生じさせます。曹洞宗の本山である永平寺で五年間修行された方と話しましたら、永平寺では「魚肉は食べない、調理すると臭いので分かってしまう」と語っていました。ですから、禅宗では「精進料理」が工夫されました。精進料理を食べたとき、見た目には間違いなく「鰻の蒲焼き」なのですが、実はそうではありませんでした。詳しい作り方は知りませんが、

「もどき」（似せて作ったもの）なのです。「無駄を省いて、手間を省かず」工夫して料理したのが精進料理なのだ、と感心したことがあります。

禅宗は出家主義の仏教、真宗は在家主義の仏教です。真宗の僧侶は、もちろん得度《とくど》を受けますが、一般の人々と同じような生活をする「毛坊主」というあり方をしています。禅宗で精進が戒律として厳しく言われるのは分かりますが、実は真宗、真宗門徒の中にも精進が伝承されていました。報恩講のときの精進です。

広島は安芸《あき》門徒といって、真宗の御法義が盛んな地域です。ここに「おたんやの市止まり」という言葉がありました。「おたんや」というのは「お逮夜」ということで、親鸞が往生した一月十六日（本願寺派・高田派など）を御満座として、毎年行われる「御正忌」法要のことを意味しています。平成七年（一九九五）まで一月十六日は市場や鮮魚店が一斉に休みになっていました。安芸門徒が御正忌を勤めて精進するからでした。それが平成八年に一月十四・十五日が休日、十六日も市場が休みになってしまうと困るからということで、行政からの要請もあって十六日に中央市場が開きました。これ以後、永年続いていた「おたんやの市止まり」という習慣がなくなってしまいました。

熊本にも似たような話がありまして、一月十日前後に「御正忌鰈《ごしょうきがれい》」という言葉がありました。御正忌のころ（寒の内）に食べる鰈は身が引きしまっていて特別に美味しい、という意味と、御正忌は真宗門徒にとって精進の期間で生臭は禁止、食べてはいけないこの時期にこっそり食べる鰈の味が美味い、という意味がありました。

「おたんやの市止まり」も「御正忌鰈」の言葉も、現在では死語になってしまいましたが、真宗門徒は報恩講（御正忌）の期間中は精進だったのです。名古屋市の下之一色という旧漁村でも同じような話を聞きました。報恩講で出店が並び、子どもが肉をこっそりと食べたりすると「口がにじるぞ（曲がる）」と言ってしかられたものでした。葬式の時も、もちろん精進でした。愛知県碧南市大浜の三河門徒が、「漁師なのに、中陰の期間中、魚を食べることができなかった。あんな辛いことはなかった」と語っていました。現代では、もう精進という意識は忘れ去られています。

真宗門徒の食と行事

さて、ようやく本題のスライドになります。これまでお話しした「御飯」や「精進」の視点から見てください。

まず最初は、岐阜県揖斐郡にあった旧徳山村の報恩講です。ダム建設のためにムラが水没して人々は離散しました。知り合いから「これがほんとうに最後の報恩講ですよ」と聞いて、昭和五十八年（一九八三）十一月に撮影したものです。旧徳山村には真宗寺院の前身である道場がたくさんあって、人々はこの道場を中心に信仰生活を送っていました。**図1**は戸入《とにゅう》地区のものですが、道場といっても大きな建物でした。しかし、住職はおらず、道場坊という在家の人が日常は管理していました。報恩講になると手次寺（檀那寺）の住職が岐阜県本巣市根尾や福井県鯖江市からやってくるので、ムラ中一緒になって報恩講を勤めたものでした。戸入の報恩講に出された大根汁は、各家から集められた味噌と大根、そしてカブラと唐辛子でした。味噌は自家製のものでしたので、各家の味が混じり合って一体となり、独特な味の大根汁になるのだと話してくれました。唐辛子を入れるのは戸入地区だけで、他の地区にはありませんでした（**図2**）。徳山でも、もっとも奥にあった櫨原《はぜはら》地区では大根汁のことをミソオツユ（味噌おつゆ）と呼んでいて、大根・昆布・椎茸・ニンジン・ゼンマイ・里芋、おかずとして甘辛く煮た徳山豆腐・ニンジン・昆布・ゼンマイの煮しめなどでした。こうした料理は、順番に回ってくる当番役が用意していました。もう三十年前のことにな

図１　旧徳山村（岐阜県揖斐郡）戸入の旧道場

図２　大根・唐辛子・味噌

ってしまいましたが、思い返すとすばらしい報恩講のお斎風景であったと感じます。バケツに入れられた大根汁や漬物、普段着のままで老人も子どもも、男性も女性も一緒になってみんなで食べていました。道場の外《げ》陣《じん》で机もありません。「食べる」ということ、「お斎」の原点があったように思います。しかし、すべては失われてしまい

図３　お斎を食べる風景・戸入

図４　旧徳山村櫨原の報恩講・お参りの風景

ました。

報恩講に山盛りの御飯が出るところがあります。図7は旧白峰村（石川県白山市）のお斎ですが、お膳はゼンマイ・煮物（ゴボウ・エドカブラ・ジャガイモ）・漬物（大根）・ママワン（米五合）・大切れ汁（豆腐四切れ）の料理です。報恩講のお斎に

図５　お斎の風景・櫨原

図６　旧徳山村櫨原の報恩講・住職の高膳

山盛りの御飯をだすところは他にもあります。タカタカマンマと呼称して、岐阜県の郡上市や高山市一帯にもみられます。どうして食べきれないほどの御飯をだすのでしょうか。こうした地域は、いずれも奥深い山間地でした。普段の生活では、粟・稗《ひえ》・黍《きび》・豆類・馬鈴薯・大根といった雑穀類が日常食でした。世界遺産で有名になった五箇山の赤尾地区で、米を作れるようになったのは明治三十年（一八九七）ころからであったといいます。ですから、御飯は大変なご馳走だったのです。食べきれないほどの量をお膳に出すことにも理由があります。全部食べることはせず、残ったものを家に持ち帰って、今度は家族中がお斎の料理をいただくのです。報恩講は特別なハレの日の行事であり、お斎はもちろん精進、そして「食べる」ことも報恩講行事の一部だったのです。

図7　旧白峰村（富山県南砺市）報恩講のお斎

図8は、福井県旧和泉村（大野市）にある川合道場です。この近くに九頭竜ダムがありまして、

図８　旧和泉村（福井県大野市）の川合道場

図９　ヒキジル（蓮如汁・ジンダ汁）

図10　お仏飯を当番が用意する

図11　オアサジ、道場ボンが導師をする、川合ムラは11戸で道場を守っている

穴馬《あなま》門徒と呼ばれていた真宗門徒のムラの多くが、やはりダムの底に沈んでいます。川合地区は水没をまぬがれ、戸数十一戸で道場を守っています。道場の御本尊に供える御仏飯は、各家の回り当番役で毎日用意されています。オヒチヤ（お七昼夜）といって、毎年、十二月二十一日から二十八日まで道場報恩講が行われます。ここのお斎は、白菜・カブラの漬物・こんにゃくの芥子《からし》和《あ》え・ウリの粕漬け、そしてヒキジルと御飯でした。ヒキジルというのは、大豆を一昼夜漬けておいてから石臼で挽き、これをしぼってオカラをとったものに醤油などで味付けしたものです（図9）。私の住んでいる近

くに水没したムラ出身の人がおりまして、このヒキジルの話を聞いていました。「名古屋に出てきてから、ヒキジルを飲みたくなってつくってみたが、どうも味が違う。寒さが違うからかな?」などと言っていましたから、オヒチヤにお参りするとき、是非とも味わってみたいと考えていました。素朴な大豆の味のする汁でした。

この他、石川県の能登半島、輪島市門前町鹿磯《かいそ》というところの改悔《がいけ》批判後によばれた夜食(図12・13)、お粥とイトコ汁(大根・ニンジン・コイモ)、あるいは富山県高岡市伏木勝興寺で一月十五日深夜まで行われる御示談《ごじだん》という信心問答、翌朝十六日のオアサジ(晨朝)後に食べた朝食(ニンジンの白和え・菜・豆・味噌汁・茄子と揚げ)なども記憶に残っています。いずれもご馳走ではありませんが、忘れられない味です。こうしたものは報恩講のお斎で出される講汁や料理ですが、毎月あるいは季節に行われる、ムラのお講で出される講汁もあります。

次にお華束・餅について見ていただきます。図14〜21は、愛知県稲沢市や一宮市を中心に活動している中島郡会のお華束講です。東本願寺の報恩講にお供えするお華束を作って、京都本山まで毎年運んでいます。九千八百個の大中小の餅を搗いて色を染め、お華束として組んでいきます。すべて完成すると講員でお経を上げ、京都へ出発。

本山での一週間の報恩講中、役員が泊まり込んで奉納したお華束を管理し、終わるとまた持ち帰って各地域の講員へ餅を配っています。

真宗門徒の行事の中で、餅は重要な意味と役割をもっていました。滋賀県湖北地域では「乗如上人御越年」という行事が行われています（図22～25）。天明八年（一七

図12　イトコ汁（石川県輪島市門前町鹿磯）大根・小豆・ニンジン・コイモ・揚げが入っている

図13　お斎を食べる・午後9時

図16　色付けされた餅の串

図14　お華束講（愛知県中島郡）9800個のお餅

図15　お華束の「屋根」（笠）の部分

図17　お華束を組み立てる

図18　屋根の部分に餅を挿す

図19　串の上に屋根を置き、ミカンを並べる

図20　完成したお華束

図21　完成したお華束の前で読経、午後には本山へ

八八）に京都で大火があり東本願寺が焼失してしまいました。乗如上人はそのときの御門首です。本山再建にとりかかりましたが、半ばで御往生されてしまいました。その後を達如上人が引き継いで、火災以来十一年目の寛政十年（一七九八）に完成しています。湖北の真宗門徒は京都本山に泊まり込んで再建奉仕し、帰郷するときに乗如上人の絵像を下付されました。以来、湖北三郡（旧坂井郡・東浅井郡・伊香郡）一円に二十二日講を組織して絵像を巡回させ、真宗法義を守り伝えているのです。毎年、十二月二十六日から翌年一月八日までゴオツネン（御越年）といって御絵像が民家のオヤド（お宿）に逗留され、法要とお説教があります。図23は、そのときに供えられるお鏡餅です。普通の形と違っていますね。平たい餅を六枚ずつ重ねたものが四列、計二十四枚の鏡餅です。御越年の行事が終わりますと、この餅を各地域の人が持ち帰り、ザイショ（在所）の村々で再びお餅を搗いて「鏡割り」行事が行われます。持ち帰った御越年の餅を一緒に搗き込んで、これをみんなに細かく切って配るのです。お餅が再生産されて、真宗の教えがムラからムラへ、人から人へとつながっていくのです。富山県・城端別院のゴダイサマ（御代様）という巡回布教でも、宿になった家では紅白餅をお供えし、法要後に餅を切り分けていました（図26）。

図23　御越年宿の鏡餅（旧湖北三郡と長浜地区・川村赴夫氏撮影）

図22　乗如上人の御越年（滋賀県湖北地方）・民家の宿

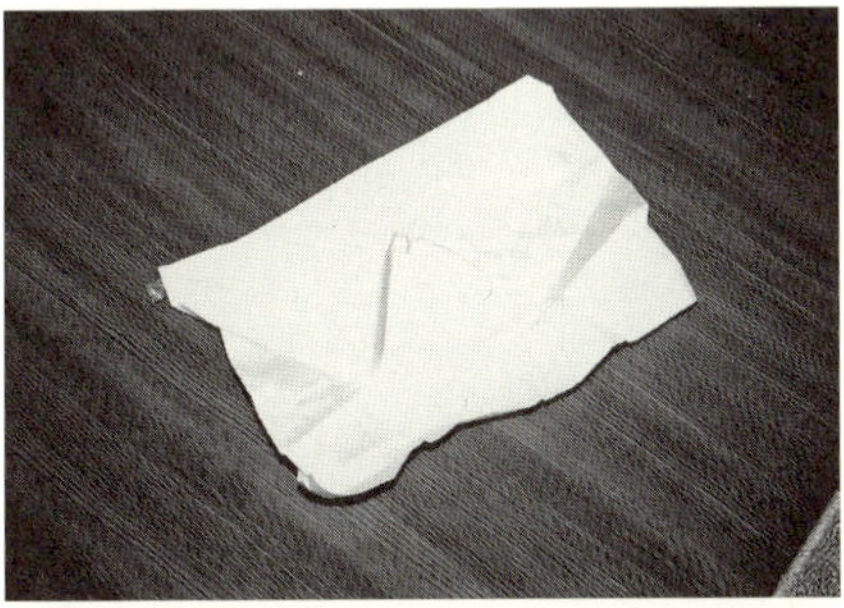

図24　再生産されて小さく切り分けられた餅

図25　「鏡割り」オヤドでの法要

図27　四日市市・生桑長松神社の
鏡餅神事・正月２日早朝

図26　ゴダイサマと紅白餅
（富山県城端別院の御巡回）

図28　鏡餅宿から餅を運び出す

図29　鏡餅を担いで神社へ

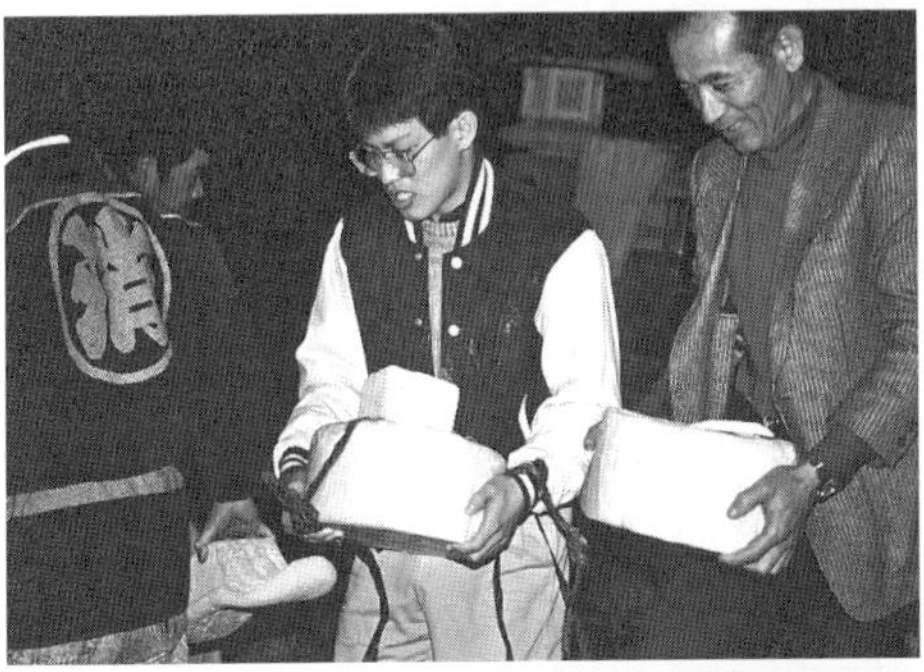

図30　青年団の若者が鏡餅をくずす

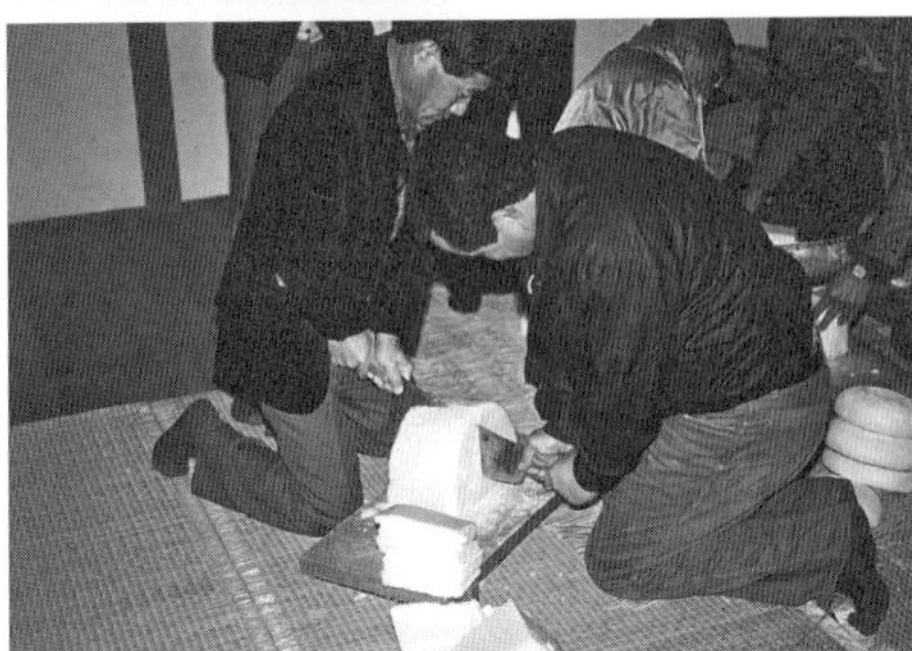

図31　鏡餅を切り分ける

図32　初詣の人へ配られる

四日市市生桑町の長松神社で、正月二日早朝に行われる鏡餅神事でも餅を切って配っています。夜明け前、御鏡宿に飾られた鏡餅を神社本殿へ運び込みます。そこで組み立て直して安置すると、すぐに壊して細かく切り分け、参詣人に配るのです（図27～32）。もう一度滋賀県湖北地域の話になりますが、湖北の村々ではオコナイといって、餅を搗いて村の仏堂に供えています。牡丹・南天をあしらった花と呼ばれる桜の造花も立派です。夜明け前、雪の積もる厳寒の中、松明を手に行列してお供えに行く姿は幻想的です（図33～36）。

餅は神仏へのお供え物であり、と同時に神仏から賜って人間がいただくものでした。

おわりに

「食べる」ということから御仏飯の意味、仏教における食前・食後の作法とお話しをはじめ、精進についても触れました。考えてみますと、「真宗の食」はごく質素な日常的な食材を使った精進料理でした。そして、一人で作って一人で食べるのではな

図33　湖北のオコナイ（長浜市木之本杉野向）・頭屋の主人と花

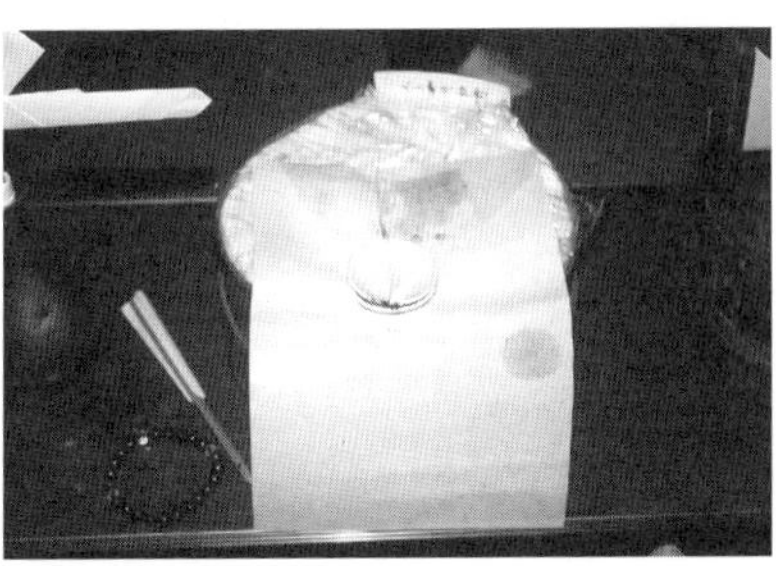

図34　鏡餅の上の灯明皿に火が灯される

く、「共同調理」して「共食」の料理でした。日本の社会が高度成長を遂げるまでは、白い御飯を食べられることへの報謝の心がありました。「食べる」ことは「一味の世界」だったのです。

図35　午前5時、阿弥陀堂へ餅を供えに行く「お上り」

図36　阿弥陀堂本尊に供えられた餅と壇供

Ⅱ　真宗門徒の力

東本願寺両堂と尾張・三河門徒——東本願寺を支えてきた力——

『朝日新聞』夕刊
二〇〇九年十月六日

いま、「東本願寺の至宝展　両堂再建の歴史」が名古屋市の松坂屋美術館で開催されている。「両堂」とは明治二十八年（一八九五）に再建された御影堂と阿弥陀堂のことで、平成二十三年（二〇一一）に親鸞七百五十回忌を迎えるにあたって、平成の大修理が行われている。

京都の駅前「東六条」に位置する東本願寺の境内に足を踏み入れると、誰しもその大きさに圧倒される。「御真影《ごしんねい》」と呼ばれて崇敬される親鸞木像を安置する御影堂は、正面六三・六三六メートル、側面四五・四五五メートル、高さ三八メートルという二重屋根の木造建築である。平面積では東大寺大仏殿を上まわるという。

どうして、このような大きな建物が必要であったのか、誰が建てたのか。親鸞の木像を安置するだけなら必要ない。それは全国の真宗門徒が御真影の前に結集するためであり、門徒一人ひとりの懇志よって建てられたものであった。愛知県は三河門徒・尾張門徒と称されてきたように、真宗信仰の篤《あつ》い地域である。明治十二年に東本願寺第二十一代厳如が両堂再建の発示をすると、全国の門徒から造営に必要な献木と労働奉仕、金銭的な寄進が行われた。三河からは約二十八万枚の屋根瓦寄進、尾張からは二重屋根を支える小屋組一式、御影堂正面の大虹梁《だいこうりょう》、両堂外陣の畳などが寄進された。明治十九年の一年間、尾張からは総人員「五、七五七人半」の門徒が、明治二十年から二十四年までの五年間には総計二五、四一〇人もの門徒が両堂再建手伝いとして京都に上山して参加していた。

両堂を再建したのは「門徒一人ひとりの懇志」と述べたが、より具体的に言えば、門徒を中心とした村という地域共同体であり、同行《どうぎょう》と呼ばれる講であり、真宗門徒としての一人の信心であったといえよう。尾張西部、とりわけ木曾川流域には真宗門徒の村が多い。十年前、弥富市寛延《かんえん》という村を調査したとき、村内にはオタヤさん、オタヤ組（講組）と呼ばれる門徒の講が組織され、毎月五日と二十七日、夜の八時から

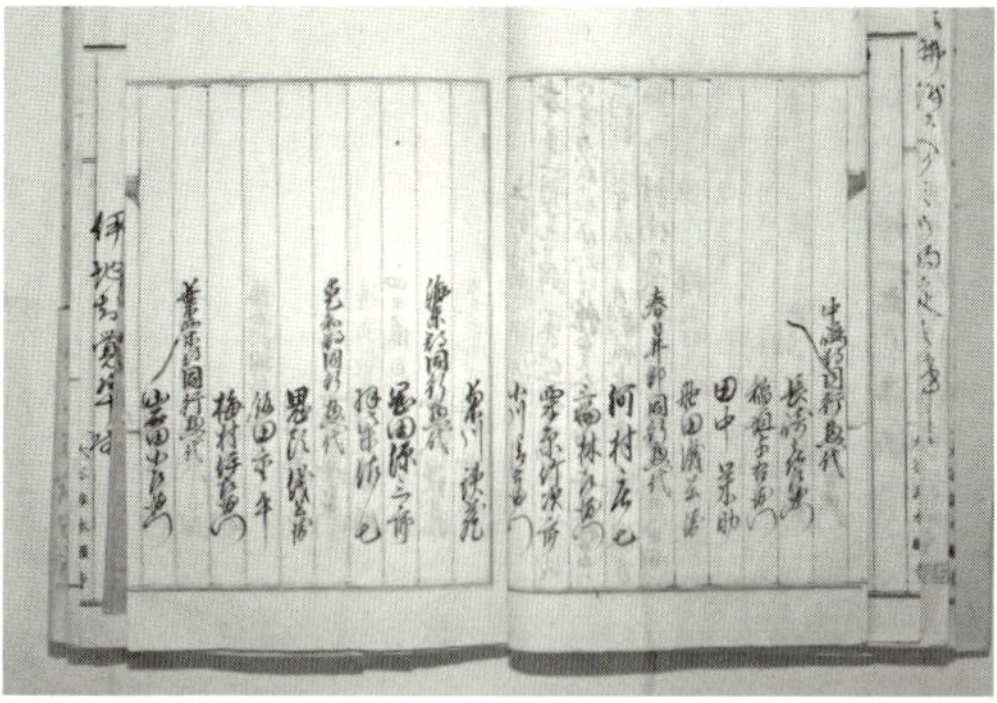
両堂再建に活躍した講・郡単位の同行惣代の名前

十時頃まで宿になった民家に集まって勤行が行われていた。五日というのは東本願寺第二十三代彰如（昭和十八年二月六日没）の命日前日、二十七日は宗祖親鸞（弘長二年十一月二十八日）の命日前日であり、こうしたお参りをお逮夜《たいや》勤めという。オタヤは訛《なま》った言い方である。オトリコシ（お取り越し）とホンコサンといわれる報恩講行事もあった。十月末から十一月にかけて行われるのがオトリコシで、講組の各家から二名ずつ出て、夕方の四時から講組全戸の家を回り、「五十六億七千萬」の和讃で勤行する。晩飯はアゲ・蓮根・芋・大根・ヒジキ・昆布などの精進料理であった。料理は宿元が用意し、講の人へはお膳で出され、住職だけは高足膳であったという。これに対して、十二月二十七日に行うのをホンコサンと呼んでいた。十二月二十七日は、親鸞の祥月命日十一月二十八日を月遅れにした逮夜に当たるお参りである。「ホンコサンはヨトギのかわりだから、人の悪口をいってもよいから、長くホトケさんのところにいると、ホトケが喜ぶ」などと言われた。こうした村の小さな講は、尾張西部の村々にびっしりと展開していた。個人が施主となり、村人に開放した我が家に説教師を招いて仏法を聴聞するオザ（御座・法座）も行われていた。「オザを立てる」ことが門徒としての念願であったという。名古屋市中川区榎津《よのきづ》で、明治四十三年（一九一〇）生まれの門徒から話を聞いたことがある。当時、八十八歳であったその方は一代にわたって説教を聞き続け、蓮如が真宗の教えを記した『御文』（五帖八十通）を暗記していた。畑仕事で菜っぱの間引《まび》きをするとき、この「御文様」をそらんじながら行っていたという。本は「一度読んだら復読をせよ、復読したら熟読をせよ」とも語っていた。

真宗信仰は、一人ひとりの門徒に自らの生活と日々の行為に意味を与え、生きることの根拠を明らかにしていた。寄進は寄付ではない。一宮市あたりでは御布施を「御報謝」と書くところがあるが、報謝行《ほうしゃぎょう》としての意味が込められている。門徒が寄り添って講（同行）となり、村の講が集まって村連合の広域講や郡単位の講に組織されていた。両堂再建の史料に「尾州肝煎《きもいり》同行」「中嶋郡同行惣代」「海西郡同行惣代」「四日講惣代」「十六日講惣代」「尾張国海西郡鳥ケ地新田中之割同行中」などとある。真宗は門徒に信心の生活と、報謝行という行動様式を生み出し、結集の力にしていた。

今回の平成の大修理では、二十八万枚を超える瓦が取り替えられ、その一枚一枚に寄進者の門徒名が記される。総額二百三億三千九百五十万円の懇志金のうち、尾張門徒はその約一割強を受け持つことになっているという。

ゴボウサマ（御坊様）と門徒

「まつり通信」三五二号
まつり同好会・一九九〇年五月

この度、真宗大谷派の名古屋別院が、開創三百年・開基一如上人三百回忌ということで『名古屋別院史』（通史編・資料編・別冊）を出版した。その編集に携わり、またこの中で尾張の真宗門徒や講といった問題を考えたので、少し気づいたことを述べてみたい。

別院とは、本山によって地方の末寺や門徒の統轄、あるいは伝道のために設立された寺院のことであるが、近世においては御坊・掛所《かけしょ》・兼帯所などと呼称されていた。専任の住職を置くところもあったが、法主が兼任して本山から輪番が派遣され管理にあたっていた。そして、本山からの通達や末寺からの願い事などが、寺社奉行と連絡をとりながら処理されていた。こうした機能を持った寺院であったが、問題は門徒にとって御坊とは何であったのか、ということであろう。

門徒は、今でも別院のことをゴボウサマ・ゴボサマ・ゴボウサン・ゴボサンなどと、親しみを込めて呼んでいる。私の住んでいる近くに六軒ばかりからなる小さな講があるが、毎月五日と二十七日に集まって勤行しながら、毎年報恩講の時期になると交替で報恩講志を納めに行く。ゴボウサマにお参りをしてお斎《とき》をよばれ、納めた志の領収書を持ち帰って同行に披露しなければならないのだという。これはムラの中の小さな講であるが、愛知県一宮市や葉栗郡を中心に構成されている中島郡会という講は、京都の本山へ報恩講のお華束《けそく》（米六俵必要）を奉納するとともにゴボウサンへも納めている。永代経志料・米初穂志納金・報恩講大根里芋料を納めたりもしている。また、豊明市や大府市を中心とする十八日講は、講員およそ千軒といわれるゴボウサン配下の講で、二十二か村の村々を御消息《ごしょうそく》（寛政元年下付・一七八九）が巡回している。

このように御坊さんは、一人ひとりの門徒を「講」という形で結びつけていた。真宗門徒の講には、一日講・二日講・三日講・五日講・十四日講・十五日講・十六日講・二十八日講といった、講がもたれる日を名称にしているもの、あるいは一味講・

十八日講（愛知県豊明市・大府市）

女人講・坊主講・寄講・肝煎《きもいり》講・和讃講などといったものがある。形態的には、門徒間の講、寺院間の講、門徒と寺院の講といったものがあった。こうした門徒の講は、村落組織と結び付き民俗化しているものもあるが、いくつかの村にまたがる広域の講も存在した。たとえば、尾州海東郡の十六日講は十四か村、尾州愛知郡の二十五日講は二十三か寺、尾州中島郡の五日講は十一か寺三十五か村におよぶものであった。そして、戦前までは、このような郡単位の広域講の代表があって、御坊の運営にあたっていたのである。門徒の講は、一つの村の中で完結しておらず、互いに連携して活動し、村と村を結びつけていたのであった。

講が大きな力を持っていたのは、なぜであろうか。それは、どんな小さな村の中の講であっても、京都の本山と直接結びついていたからであった。講は歴代法主から御消息を下付され、御消息は門徒の間、村から村へと巡回されていた。近世における法主御下向《ごげこう》と門徒の様子を猿猴庵の記録などでみてみると、惣同行の御目見得《おめみえ》と盃頂戴が行われたり、法主を拝もうと門徒が群参している。御消息とは法主の法義安心の教えが書かれてあり、講会《こうえ》では御書《ごしょ》拝読が行われた。御消息を村々に巡回させるということは、法主御下向と同じ儀礼的意味を持っていたと考えられよう。さらに、この背後にあるのは生き仏＝阿弥陀如来である法主に対する信仰であった。逆にいえば、法主は講を媒介として直接門徒と結び付いていたのである。

御坊は掛所（懸所）とも呼ばれたが、その意味は錫杖をかけて滞留するということであり、法主巡化の際などに駐留休泊するところをいう。門徒にとってゴボウサマは、法主の来られる所であり、京都の本山と同じ崇敬の念で取り持った地方の本山であった。

飢えても死に──蓮如上人と道宗──

一九九七年一月十九日・高倉会館日曜講演
「ともしび」五三四号・真宗大谷派宗務所
一九九七年四月号

はじめに

私は、民俗学とか歴史学という立場から、特に真宗のご門徒の問題をいろいろ常日頃から考えているものでございます。

この世の中は、時をも選ばず所をも選ばず、本当にいったい何が起きるのかわかりません。この十七日も阪神淡路大震災からちょうど、まる二年ということでございましたが、被災された方々の中で、六千四百人あまりの方が亡くなられました。それから、いまだに七万人以上の方が仮設住宅で生活をされておられるということです。比較的お若い元気な方の中には商売を始められたり、仕事に復帰された方々もおられますが、お年寄りの方や障がい者の方は、今までされていた仕事を継続することもできず、いまだにそういう仮設住宅での生活を余儀なくされています。世の中はいったいどうなっていくのだろうかと思います。

今はちょうど受験のシーズンですけれども、このお正月も私の地元の名古屋でもホテルが受験生の貸切になりまして、それこそ受験生一色になってしまっておりました。

ある小学校六年生の方が、それまで一所懸命勉強をされていたそうですが、いつのころからか、体に障がいのある方をいじめるようになったそうです。それを見かねた先生がその生徒を呼んで、「どうしていじめるのか。いじめられている人の痛みが、おまえにはわからないのか」ということをおっしゃったそうです。そうしたら、そのいじめた子供さんは、泣きながら「わかりません」と答えたということです。それを聞いた先生は、次の、二の句がつげませんで押し黙ってしまったということです。いじめの問題はまだまだいろいろなところで、未解決のままであるわけでございます。世の中もだんだん価値観が変化し、その中で生きている私たちの心の有り様も、知らず知らずのうちにどんどん変わってきてしまったのだな、ということを最近感じているわけでございます。

このような社会状況ではありますが、そのような中で、宗門でも蓮如上人五百回忌を来年の四月にお迎えいたします。蓮如上人について、私はこれまでも様々なところでお話をさせていただいておりますが、私自身が日頃考えておりますことの中から今日は赤尾の道宗さんにつきまして、すこしお話をさせていただきたいと思っております。

これからお話しさせていただきたいと思っております一つの問題は、お弟子さんから見ました蓮如上人ということでございます。蓮如上人のお立場から申しますと蓮如上人とお弟子さんとの関係、蓮如上人とふれあいをもたれた方は大変たくさんの方がおみえになるのですが、お弟子さんは蓮如上人をいったいどういうふうに受け止められたのだろうか。師と弟子の関係、あるいは人間と人間の関係がいったい蓮如上人の場合、どういう中でしっかりとした結び付きができていたのだろうかという、そういうことを赤尾の道宗さんという一人のお弟子さんを通しまして少し考えてみたい、あるいは学びたいということが一つ、今日私がお話をさせていただきます視点ということでございます。

『御文』さまとか、蓮如上人のお書きになられましたものを直接的に学ぶということが正道ですが、やはり人間というのは鏡に映してみまして初めて自分の姿がわかるわけでございます。それと同じようにお弟子さんに映った、お弟子さんの立場から見た蓮如上人のお姿ということ。蓮如上人のお言葉とお考えを、あるいは生きる姿をどいうふうに、お弟子さんは受け止め、そしてどのように自分の生き方としていかれたのだろうかということを、考えてみてもいいのではないかと日頃から思っているわけでございます。

蓮如上人の弟子と年齢

それで蓮如上人のお弟子さんといっても、いったいどのくらいの方がおみえになるのかということを見てみますと、名前の分かっている方だけでもずいぶんいろんな方がおみえです。

たとえば一向一揆の時に、いろいろ問題になります蓮崇《れんそう》という人物もございますが、この蓮崇のために蓮如上人は吉崎を離れることになったのだと言われておりますけれども、破門され、そして最後蓮如上人がご往生されたときに殉死をしたと言われております。それから昵近《じっきん》のお弟子さんで、慶聞《きょうもんぼう》坊竜玄という方や法敬《ほっきょうぼう》坊順誓という方も伝えられています。この方々は、『蓮如上人御一代記聞書』にも、そのお名前がよく出てまいります。それから蓮如上人の様々なことを書き残された書物として有名な『空善聞書』の法専坊空善という方もおられますが、地方におきましては、近江の金森の道西、それから堅田の法住という方々、三河には佐々木の如光という方がおられました。そして地方のご門徒といたしまして、本日とりあげます赤尾の道宗さんという方がおられるわけです。

このように、いろいろなお弟子さんがおられるわけですけれども、この方々の年齢はいったいどうなっているのか、ということを調べたことがございます。なぜかと申しますと、上人とお弟子さんとの関係、人間と人間とがある時に人生の中で出会い、そしてそこで邂逅《かいこう》して教えを受けるということになりますと、その時にやはりいつのお歳の頃であったのかということが、非常に大事な点になってくるかと思います。そういう点でみていきますと、それをずっと調べてまいりましたら、たとえば蓮如上人は応永二十二年（一四一五）にお生まれになり、明応八年（一四九九）にお亡くなりになりました。近江の金森の道西とか、堅田の法住さんという方は、実はこの蓮如上人よりも歳上の方であります。金森の道西という方は一三九九年から一四八八年の方で、九十歳でお亡くなりになっておられます。堅田の法住さんも一三九七年から一四七九年の方で八十三歳でお亡くなりです。道西さんという方と法住さんという方は、蓮如上人が真宗の教法を弘め、真宗を再興されていかれる時に、非常に大きな力を果たされた方々であります。

赤尾の道宗さんと「道宗心得二十一箇条」

では赤尾の道宗さんはいつのお方かと申しますと、お生まれになった年ははっきりとしないのですが、お亡くなりになったのは永正十三年（一五一六）です。ですから蓮如上人が明応八年（一四九九）にお亡くなりになっておりますので、十七年の開きがあります。蓮如上人が八十二歳の時に、『御文』さまの中で、

ちかごろの事にてやありけん。こゝに越中国赤尾の浄徳といふしものゝをい（甥）に、弥七といゝしをとこありけるが、年はいまだ卅にたらざりしものなりけるが、後生を大事と思て、仏法に心をかけたるものなり。然れば此六年のさきより当年まで、毎年上洛せしめて其内に年をとる事六年なり。

（真宗聖教全書五　拾遺部下　四二〇頁）

『帖外御文《じょうがいおふみ》』に、こういうふうに出てまいります。ですから蓮如上人が八十二歳の時に、道宗さんはまだ三十歳に達しないお歳の方であったということです。

また一説には道宗さんがお亡くなりになられたのが、一五一六年ということがはっきりとしておりますけれども、赤尾の行徳寺という道宗さんからずっと続いておりますお寺がありますけれども、その赤尾の五箇山の伝承によりますと、六十五歳であったとか、五十五歳であったとかいうかたちで伝わっております。確実なところは『御文』さまにあります。八十二歳の時に三十歳に達しないということでありますから、上人とはおそらく五十歳以上の違いがおありになったのだということです。そしてこの方は、二十代の後半に京都に六年間、毎年上洛してご本山にお参りになられた。そして蓮如上人の教えを受けられたようです。『蓮如上人御一代記聞書』の中に有名なお言葉がございまして、

あかおの道宗、もうされそうろう。「一日のたしなみには、あさつとめにかかさ

じと、たしなめ。一月のたしなみには、ちかきところ、御開山様の御座候うところへまいるべしと、たしなむべし。一年のたしなみには、御本寺へまいるべしと、たしなむべし」と云々

（真宗聖典　八六四頁）

このように、一日は朝のお勤めを欠かさず、一月は近くの御開山のみえる所へ行けと。この場合は富山県の井波の瑞泉寺というお寺をさしています。そして一年のたしなみには、御本寺というのは本山本願寺のことでありますが、こういう言葉を道宗さんはおっしゃられたということが伝えられていることです。

それでこの道宗さんが生活をされた五箇山という所についてとか、あるいは蓮如上人とふれあいをもたれ、どういった信心を受け止められたのだろうかということに少しふれてみたいと思います。

蓮如上人の時代は地方に非常に多くのご門徒が生まれたのでありますが、お名前が伝わっている方はかなりあるのですが、一人の信仰者として、どういうお考えをお持ちでおられたのかということについては、残念ながら記録が残っておりませんので分かりません。幸いにして赤尾の道宗さんという方は、「道宗心得二十一箇条」という

ものをご自分で書かれておられます。ですから、今の私たちもそれを読むことによって道宗さんという方が、どういうことを常日頃思っておられた方なのかということが一番よく分かるのであります。それで本日は「飢《かつ》えても死に」ということで講題を出させていただいておりますので、そのへんに関わるようなところ、そして、よく蓮如上人を語るときに問題になります、「後生の一大事」ということについて、道宗さんがどのように受け止めておられたのかということを中心として、その条文を見てみたいと思います。

なお、「道宗心得二十一箇条」の条文解釈と説明は、岩見護氏の『赤尾の道宗』（永田文昌堂刊）が詳しく、一つひとつの言葉も考えていますので、以下この本から抜粋紹介であることをお断りしておきます。

後生の一大事

それで条文に入る前に、条文の前一番最初の所に、「文亀元十二月廿四日思立候条」とあります。文亀元年というのは西暦一五〇一年ですが、この年は蓮如上人がご往生されました明応八年、一四九九年の翌々年にあたるわけですが、三回忌にあたります。そして十二月二十四日とありますが、蓮如上人は二十五日にお亡くなりですので、ちょうど御命日のお逮夜《たいや》になります。ですから、これが書かれた「文亀元年十二月二十四日、思い立ち候条」というのは、逮夜勤めをされたその時に、それまで考えておられたことを書かれた、というふうに感じられるのです。その一番最初の第一条目のところに、

こしやうの一大事、いのちのあらんかきり、ゆたんあるましき事。

（真宗史料集成二　七一二頁）

最初の文章の一番最初に、「後生の一大事」と出てきます。実はこの覚書は、全部で二十一箇条あるわけですけれども、「後生の一大事」という言葉が、全部で五回使われています。蓮如上人もよくこのお言葉をお使いですが、この「一大事」を「いのちあらんかぎり」というところに、非常に深いあじわいがあるのかな、ということを思うわけです。

あさましい我が心

それから第二条目ですが、

仏法よりほかに心にふかく入る事候は、あさましく存候て、すなわちひるかへすへき事。

意味は、「仏法以外のことで心に深く入ることがあったならば、あさましいことだと思ってすぐに捨てなければなりませんよ」という意味です。ここで言う仏法という言葉使いについてですが、これも蓮如上人が仏法という言葉をお使いになったのですが、真宗以外ではあまり仏法という言葉は使わないと思いますが、蓮如上人がお使いになったので、道宗さんもそのことを受け継いで仏法という言葉をお使いになっておられるように思います。『蓮如上人御一代記聞書』の中でも、この仏法という言葉が出てまいります。この「二十一箇条」の中にも「仏法」という言葉が五回使用されています。

それからこの中で「仏法よりほかに心にふかく入る事があったならば」という事で

言っているわけですが、これは何なのかと言いますと、いわゆる名誉だとか欲だとか、教学の言葉で申しますと「名利勝他《みょうりしょうた》」というような、人の上に立ちたいというような私たちの心でございますが、もしそのようなことがあったならば、「あさましく存候」と言われる。

この「あさましい」という言葉が、またよく使われるわけです。これは「意外だ」「あきれるほどだ」という事とか、「話にならない」とか「情けない」、「嘆《なげ》かわしい」というような意味になります。しかし他に訳するよりも「あさましい」という言い方の方が、この言葉がもっているあじわいが非常に深いと思います。このあさましく、情けなく、嘆かわしい心を「存じ候て、すなわちひるがへすべき」と、これは「ひるがえせ」と言っているのですが、仏法の方へあさましい心をひるがえしなさい、と言っているのです。

ひきやぶれ

続いて第三条目には、

ひきたてる心なく、おふやう（大様）になり候は、しんしゆ（心中）をひきやふりまひるへき事。

二条目では、「あさましい」とか「ひるがえせ」とか言っておりますが、ここでは「ひきやぶれ」という言葉を使っております。「ひきやぶれ」という言葉は、この二十一箇条の中で三回使われております。二条目に出てきました「ひるがえせ」は四回出てまいります。こんなことではいけないという「ひきたてて」努力する精神が乏しくなったならば、その心を「ひきやぶって」いかなければならない。こういうことを言っているのでありますが、私どもが普段生活しておりますと、まあこんなもんだろう、あるいは誰でも同じ事をしているじゃないか、この辺にしておこうと、適当に済ましてしまっておりますけれども、たとえば、まあこんなものだろうというところを、こんなものではないとか、誰でも同じような事をしているのだから、まあいいじゃないかということではなくて、「いや違う」とか、「この辺にしておこう」というのを、「このままではいけない」というふうに思い返していく。そういうことが、ここで言われているのです。こういう言葉使い、あるいはそうしたところから道宗さんの心の中というものが少し分かってくるのです。

我が身を責めよ

それから、少し先に進みまして七条目ですが、

仏法のかたをは、いかにもふかく、おもく、しんかふ（信仰）申、わかミをハ、とこまてもへりくたり候て、たしなミ（嗜）可申事。

これは「いかにも深く」と、何を深くかと言いますと「仏法のかたを」深くと、そして「我が身をどこまでもへりくだって」という。仏法のかたを重く、そして我が身をへりくだってと。こういうきわめて対照的な捉え方で、ずばりとおっしゃっておられるわけです。日々の生活の中で、何が一番中心となっているかという事が、ここで分かるわけでございます。それから十二条に、

しんちうおとろき、しミ〳〵となく候ハヽ、あらあさましや、もつたいなや、こ

んしやうハうへしに（餓死）、こゝへしぬとも、此たひこしやう（後生）の一大事をとけまいらせ候ハんことこそ、むしかうこふ（無始曠劫）よりののそミ、此たひまんそくなれと存候て、おもひきりわか身をせめて、たちまちおとろき候へき也。それにもおとろき候ハすハ、これもさて此身ハさて御はちをかふふりたるおと存候て、しんちうをひきやふり御とうきやう（同行）にあひまいらせ候て、さんたん申候へく候。せめておとろき申へき事。

これは意味をみますと、「心の中に驚きがしみじみと起こらなかったならば、あさましいもったいないことだ。今生は飢え死に凍え死にしようとも、このたび後生の一大事を解決して、浄土往生を遂げさせてもらうことこそ、無始曠劫《むしこうごう》よりの望みが、このたび満足するのであると思って、徹底的に我が身を責めて、たちまち驚きたてるべきである。もしそれでも驚く心が起こらなかったならば、これはこの身は、仏の罰を蒙ったのかと思って、心をひきやぶって、その時には同行の人にお会いをして、そして仏法を讃嘆したならば自分の心が、これではいけないと驚くこともあろうから、それをしなさい」ということをおっしゃっているわけです。

驚くという言葉は、何に驚くのだろうかと申しますと、世間の無常の姿、あるいは後生の一大事、あるいは阿弥陀如来の本願の呼び声であります。またあるいは法の喜びであります。親鸞聖人が開顕されて、そして蓮如上人が語りかけ弘めてくれた仏法、浄土真宗の教えというものに出遇っても、ちっとも心が驚かない。そういう心を「驚け」と、道宗さんは言っているわけですね。道宗さんは、驚かない自分の心に対して嘆いているわけでございます。そこの所でも先程も申しました「今生は飢え死に凍え死ぬとも」ということですが、食べるものが無くそれから、かつえてもということですね。この辺のところに道宗さんの生活の中の姿というものを考えるわけです。

飢え死んでも、凍え死んでも

一番最後の二十一条ですが、

あさましのわかこゝろや、こしやうの一大事をとけへき事ならハ、いちめいをもものゝかすともおもわす、おうせならハ、いつくのはてへなりとも、そむき申ましきしんちうなり。又たうてんちく（唐・天竺）へなりとも、もとめたつねまいらせ候ハんとおもふ心にてあるものを、これなとハおもひきりたるにか心たてあるに、おうせにしたかい、うしろくらくなくほうき（法儀）をたしなミ候ハん事ハ、さてやすきことにてハなきかとよ。かへす〳〵わかこゝろこんしやうハ、一たんなり。いまひさしくもあるへからす、かつひてもし（死）に、又はこゝへもしね、かへりミすこしやうの一大事ゆたんしてくれ候な。わかこゝろへかへす〳〵いま申すところちかわす、身をせめてたしなみきり候へし。かへす〳〵御おきて、はつと（法度）をそむかすして、しかもないしんには、一ねんのたのもしさ、ありかたさをたもち候て、けさう（外相）にふかくつゝしめ申てくれ候へ。

わか心へ。　道宗

意味を申しますと、「考えてみれば、あさましい我が自分の心だな。後生の一大事をなし遂げることが出来るならば、自分の一命をもものの数とも思わず、あるいは善知識のおおせならば、何処の果てに行けと申されても、背きますまいという、そういう決心をして唐や天竺までても、仏法を求めてどこまでもお尋ねしたいという覚悟でおりますのに、それほど我が心は思い切っているのですけれども、それに比べてみれば、如来さまの仰せに従って、一心一向にご法儀をたしなむという事は、さてさてたやすい事ではありませんか。よくよく考えてくれ、我が心よ、この世の中はしばらくの仮の世で、久しくどこまでもいつまでもずっと居られる所ではない。そうしてみれば、この世においては飢え死にしても構わない、凍え死んでも構わない。それを顧みず、ただ後生の一大事に油断をしてくれるな我が心よ。どうかかえすがえす、今申すところに違わず自分の我が身を責めてたしなみぬいてくれよ。どこまでも国や所の掟や規則に背かず、しかも心の内には一念帰命の信心の頼もしさ、ありがたさをしっかりもって、外の相を深く謹むようにしむけてくれよ我が心よ。道宗」、このように言っているのです。

この二十一条を見ますと、第一条の一番最初に「後生の一大事、いのちあらんかぎり、ゆだんあるまじき事」と、一番最後第二十一条目のところにも「後生の一大事」とあります。そして「飢え死んでも、凍え死んでも」一命をも顧みない。そしてそういうふうには、なかなかならない驚かない自分の心に対して、自分の心に語りかけている。それから「どこまでも仰せに従う」という姿勢でございますが、これは誰の仰せに従うのかと申しますと、蓮如上人の仰せということです。またこの前のところでは、如来に語りかけているというかたちです。

ですから、この一番最後の「わか心へ」というところをみますと、道宗さんという方は、誰も他の人の心へということではなくて、自分の心へとおっしゃっておられます。

道宗さんの信仰の内容について、私が着目してみたいのは、「かつへてもし（死）に、又こゝへてもしね」という、この飢え死ぬ、凍え死ぬという言葉を読みました時に、道宗さんの赤尾での生活というものが、ここに集約されているのかな、ということを非常に感じたわけでございます。

どういうことかと申しますと、道宗さんは毎日の生活の中でいったい何を食べておられたのか、ということを考えたのです。その具体的な記録は残っておりませんが、道宗さんのおられた白山麓の一帯というのは、昭和の初め頃まで食糧が充分に手に入る場所ではなかったと言われています。昭和の初めでも、お米少しの中に菜の刻み込んだものを入れた、お粥のようなものを食べていたということです。

明治二十五年頃には、この付近は冬に食糧が無くなる時期になりますと、村人たちが村を出てゆくということが、習慣としてあったということです。それからお米が赤尾に入ってきたのが、明治三十年頃からです。それ以前はどうしていたかというと山間地帯でありますので、お米が作れなかったわけです。焼畑農業であります。春に山を焼いて、その灰を土壌の栄養分としまして、順番に毎年毎年作っていくわけです。一年目はこの辺りですと、蕎麦《そば》だとか鏑《かぶら》、二年目は稗《ひえ》だとか粟《あわ》、三年目は黍《きび》だとか豆、四年目は馬鈴薯《ばれいしょ》、西瓜《すいか》、大根といったものがとれております。そういうかたちで輪作をいたしまして、そして次の所へ移ってまた輪作をする、ということを繰り返しておりました。

「後生」と「一大事の因縁」

こういう日常の食生活とたいへん厳しい寒さの中で、道宗さんはいったい何を求めていたのだろうか。本当に「飢えても死に、凍え死んでも」ということになるのですが、後生の一大事ということを一体どういうふうに考えるのかといった時、この言葉の意味は一般的には、「来世」という意味でございます。それから人に物事を頼む時、「後生だから」という言い方があります。「後生」という言葉ともう一つ「一大事」という言葉ですが、「これは一大事だ」というのは今でも私たちは言います。しかし実は一大事というのは、もう一つ意味があるわけでして仏教用語としての「一大事」の意味についてです。

これは何かというと、仏さまが衆生救済のためにこの世の中に現れてくることですね。『正信偈』でいうと「如来所以興出世、唯説弥陀本願海」、「如来、世に興出したまうゆえは、ただ弥陀本願海を説かんとなり」ということです。衆生救済のために仏さまが、この世の中に現れてくださったことを、「一大事の因縁」と『法華経』にも出てまいります。

そしてもう一つ、後生という言葉はどうなのかということを考えていきますと、世間は一旦の浮生《ふしょう》、後生は永生《ようしょう》の楽果なれば、今生《こんじょう》は久しくあるべきことにはあらず、こんなことを蓮如上人はおっしゃっておられます。今生は久しくあるべきことではないといたしますと、そうするとこの「後生」という言葉と「今生」という言葉は、表と裏になっているわけでして、後生という言葉は「来世」という意味でもあるのですが、後の世つまり死んでからの世という意味ですが、「後生の一大事」ということになってきますと、仏さまの救済があってからの後生ということですね。衆生を救済するということで仏さまの呼び声があるわけですね、それからの後生ということです。

こういうふうにおさえてもう一度、第一条を見ていただきたいのですが、「後生の一大事、命のあらん限り、油断あるまじき事」とあります。この「命のあらん限り」という言葉ですが、ここに今私どもが生きているという現在の問題があるのではないかと思います。もし、後の死んでからの世という所に力点があれば、「命あらん限り」という表現はおそらく出てこないだろうと思います。たしかに後生という言葉の意味は後の世、来世ということです。

しかしここに「一大事の因縁」ということを考え、そして初めの「命あらん限り」という表現を見ますと、命あらん限りということは、今、現在自分が生きているということでありまして、どうも言葉だけで受け止めてしまうと誤りをおかしてしまうのではないかと思います。

猿回しの「根切り」

蓮如上人の『御文』さまとか、『蓮如上人御一代記聞書』の中に出てくる言葉の表現と、道宗さんの「二十一箇条覚書」の中の言葉の表現とは、非常によく似た表現が多く見られますが、蓮如上人は「わがこころにまかせずして、こころをせめよ」という言い方をされていますが、これは人に問うて我が過ちを直せ、その心を責めよとか、人に問うて心が驚かなかったならば、讃嘆をして人の所へ行って、今度は自分の心を直せというような意味のことですが、道宗さんもまた「二十一箇条」の中で、自らへの厳しい戒めをもって、自らの心を厳しく責められた。道宗さんというお方は、そういうお方ではなかったかと思います。

蓮如上人が八十二歳の時に、三十歳にもならない道宗さんに出会われたということ、それはいったいどのような状況であったかと思いますと、かたや蓮如上人は様々なことを経験し、波瀾万丈の人生を生きられ、そして真宗を再興された。道宗さんはといえば、二十代後半でおそらく自分の人生に悩み、どう生きたらいいのかとまだ道の開けていない青年であります。そのお二人がどのように出会われ、どのような会話をされたのかということを思うのです。

また蓮如上人と道宗さんの性格は、どう違うのだろうかということを考えるのですが、そのことで思い出すのは、有名な言葉でございますけれども、『蓮如上人御一代記聞書』の百九十二条の言葉ですが、

道宗、近江の湖を一人してうめよ　（真宗聖典　八八九頁）

という有名な言葉があります。それに対して道宗さんは「畏《かしこ》まりたる」と、かしこまりましたと答えられたのです。このやりとりをみました時に、あることが浮かんできました。

それは道宗さんは蓮如上人に出会うことによって、どうなったのか。どう心が翻ったのかということでありますが、評論家の立花隆さんとおっしゃる方がありますが、その方の著書に『青春漂流』（講談社文庫）という題名の本がありまして、その中身は若い世代の方々の中で一つのことに打ちこんでおられる方を取りあげている、そういうルポですが、その中で心に残っていましたのが猿回しのお話です。それはどういうお話かと申しますと、猿回しというのはずっと続いてきた大道芸でありますが、昭和三十八年（一九六三）にいったん断絶をしてしまったのです。そして再び昭和五十二年（一九七七）に復活されたのです。どのように復活されたのかと言いますと、猿回しと関わりがあった方が、自分の四番目の高校生であった息子に対して、将来猿回しをするように言い付けたそうです。

世の中にたくさんの学校の先生はいるけれど猿回しの先生は誰もいない、途絶えてしまったので、それをやるように言われたそうです。その息子さんも自分の人生をかけてやれと言われたので悩んでしまったそうですが、なんとかやってみようということになって、京都大学の霊長類研究所から猿を授けられまして、以前猿を調教しておられた方に弟子入りをいたしまして、調教を始められたということです。まず歩くことが最初の訓練だということで、猿の手を持って三か月間ずっと訓練を行っていたそうです。三か月を過ぎても全然歩かないので、どうしたらいいのかと言ったら、その調教を教えていた方は逃げてしまったということです。それで後から聞いてみましたら、その人は猿に芸はさせたことがあっても、猿をしこんだことはないということでした。それで困った息子さんはお父さんに相談をしました。そして昭和三十八年に猿回しが途絶える時まで猿回しをされておられた男性の方がありまして、その方はもうお亡くなりになっていたそうですが、その方の奥さまがおみえなので、そこを紹介されました。

それで息子さんは、猿を連れてそこへ行かれたということです。すると猿がその方を最初に見た時に嚙み付いたということです。そうしたらおとなしそうに見えるその方が、急に血相を変えて、猿の耳をもちまして首を地面に叩きつけまして、「人間にあらごうたらこうなるのよ」と猿を痛めつけたということです。ものすごい迫力でしたので、手を離した後の猿はもうその方の言いなりになったということです。そして「ただ手を持って歩いていたって、猿は歩きませんよ」と言って、猿の首の後ろに棒を持たせまして背中を撫《な》でてやりましたら、自然に歩き出したということです。

しかしそうやって芸が出来るようになっても、猿というのは、こちらが芸をしてほしいと思った時に、思ったように芸をしてくれないそうです。猿というのは命令されるのが嫌いということです。そして人間とおりましても、自分が一番偉いと思っているのです。自分が一番偉いと思っているうちは、芸をさせようとしても、絶対にこちらが思っているようには、芸をしてくれないそうです。それを芸として仕込むには、この芸を必ずしなければならないのだ、ということを猿に一対一で向き合って、分からせなければならないのです。ですからそのためには非常に酷《ひど》いこともするということになるのです。それを「根切り」と言うそうです。

おわりに

蓮如上人と道宗さんがお会いになられました時も、若い道宗さんは、いろいろと反発されたでしょうけれども、蓮如上人に、近江の湖を一人で埋めよと言われた時に、「はい」と答えられた。このことは、いったい何をあらわしているかというと、実はそれ以前に道宗さんが自分の心の中の根、つまり根性を蓮如上人に切ってもらったということがあったのではないか、ということを思うわけです。つまりそのことによって、自分の心を厳しく「わが心へ」と律していく眼というものを、蓮如上人を通して授かっていかれたのではないかと思うのです。

そして、蓮如上人のお言葉を本当に自分自身の言葉として、そして我が心へ語りかけ、山間のとても厳しい生活の中で、それこそ「飢えても凍え死んでも」後生の一大事のためならばという、そういうお心で、一生を過ごされたことと思います。道宗さんのそうしたお姿を通して、蓮如上人のご教化ということを考えてまいったことでございます。これで私のお話を終わらせていただきます。ありがとうございました。

湖北地方の真宗民俗――絵系図まいり・墓・臨終仏――

北近江歴史大学　特別講座（二〇〇八年一月二〇日）
長浜城歴史博物館友の会「友の会だより」一〇二・一〇三号
二〇〇八年四月・五月

はじめに

ただいま、ご紹介にあずかりました蒲池勢至と申します。名古屋から参りました。ほとんど蒲池《がまいけ》とは読んでいただけずに、「カマチさん」と呼ばれる場合が多いのですが、「ガマイケ」と読みます。もしかしたら、昔は「カマチ」と読んでいたのかもしれません。勢至という名前は、お寺関係の方には、すぐにおわかりをいただけるかと思います。名前を言っただけで、「あぁ、お寺のご出身ですか」と言われます。勢至菩薩の勢至です。親が付けた名前ですから、文句は言えないのですけれども、二十歳代の頃までは、「どうしてこんな名前をつけたのだろうか、名前が大きすぎるのでは」と、おおいに悩んだ時期もございました。

現在は、真宗大谷派のお寺の住職を主に行っておりますが、民俗調査、あるいは「真宗と民俗」という事柄について関心を持ち、およそ三十年間、そういった調査を行ってまいりました。ですから、この湖北地方には度々お邪魔をさせていただきました。今日はその辺のお話を若干させていただきたいと思っております。

お寺の住職をしておりますと、時折、説教をするということもございます。今日も数珠を持っておりますが、説教にはならないよう、お話をさせていただこうと思います。レジュメもお配りさせていただいておりますが、研究会での発表というわけではございませんので、レジュメにとらわれず、時々ご覧いただくという形で進めていきたいと思っております。

民俗の調査では、各地の村にお伺いして、おひとりの方から二時間から三時間、いろいろな聞き取り調査をさせていただきます。自分の住んでいる県内のことですと、ある程度感覚的にわかりますが、少し離れたところに行きますと、こちらが当たり前と思っていることが随分違っていたり、その土地に住んでいる方々が当たり前と思っていることが、私たち外から来た人間には理解できなかったりというような事柄が多々ございます。ですから、この湖北地方について一番詳しいのは、私ではなく、皆さま方でありますから、そういった点で、もしかしたら、私は間違った話をしてしまうのではないかと心配もしております。また、今日は、佛光寺さん関係の絵系図のお話も取りあげさせていただくわけですが、同じ真宗でも私は真宗大谷派でありますから、教団の違いにより見方の異なる点もあるかと思います。また、私がわからない面もあるかと思います。

しかし、今日は教団という枠を取り払いまして、この土地に根付いてきた真宗を、毎日、あるいはずっと、生活の中に受け継がれてきたひとつの民俗文化、あるいは歴史のひとつの文化として、取りあげさせていただきたいと思っております。もしも、誤り等がございましたら、お許しをいただき、ご指導いただきたいと思います。

湖北への興味

最初に、私がどうして湖北地方に興味を持ったのか、また、どれだけこちらにお邪魔させていただいたのかについてお話したいと思います。私は愛知県に住んでおりますが、湖北地方を訪れるたびに、非常に興味深い地域であるということを痛感いたします。レジュメに、丸裸のムラとか、塀を作らないムラという事柄を書いておきましたが、実はこれは私の指摘ではなく、私が民俗学の研究を始めたときに、いろいろ教えていただいた現在神奈川大学におられます福田アジオ先生の言葉です。その先生がいつも話されていたのですが、東京から新幹線に乗って、京都・大阪といった西の方に向かっていると、新幹線の窓から見える村の色が変わってくるというのです。東日本の村は緑が多い。ところが、愛知県を過ぎてだんだん西の方へ向かうと、村の色が黒くなってくる、とおっしゃるわけです。

そこで、私もそういう目で新幹線の窓から外を眺めてみたのですが、確かに、東日本の村には、家の周りに風除けの屋敷林があるために非常に緑が多く、家も点々としているんですね。それが、西に向かっていくうちに、屋根瓦の黒さが目立ってくるんです。そして、家もかたまって建っているようになる。村のあり方が違うんですね。

また、関西地方の村には、塀をつくらないという特徴があります。たしか、馬渡《もうたり》(高月町馬渡)だったと思いますが、調査に訪れた際に村を見回しますと、塀のある家が非常に少ない。「どうして塀を作らないんですか」とお聞きしましたところ、「火事になったらどうするんだ、雪かきの時も困るじゃないか」と答えてくださいました。

それじゃ、「隣の関係はどうですか」と尋ねますと、「地続きのところはみんな隣だよ」とお話をしてくださいました。

このように、湖北地方に参りますと変な言い方ですが、村が丸裸、塀をつくらないという慣習があるようです。そして、塀を作らないという慣習の中で、付き合いや人間関係、共同体というものが成立しているようです。もちろん、こういった景観の違いは、この地方だけのことではなく、関西の他の地域でも共通して言えることなのでしょうが、他の地域から来た者にとっては、たいへん興味深い点でもあります。

また、興味を持ったという点では、桶風呂の残存があります。毎年、民俗学会では、新人の研究者の方に奨励賞を与えているのですけれども、昨年、その選考委員をしていましたら滋賀県立大学の大学院生が、滋賀県の風呂についてとても面白い研究の発表をしていました。湖北地方には、桶風呂、しかもビア樽のような形の中に入る蒸し風呂が、比較的遅くまで残っていたという内容でした。そういったこともあり、あぁ湖北というのは、なるほどそういうところなのかと、また興味を持った次第です。

杉野中の寺と墓地

湖北の民俗調査の中で、最も心に残っているお祭りが、杉野中（木之本町杉野中）のオコナイです。調査ノートを調べてみましたところ、昭和五十七年（一九八二）二月の七・八日のことでした。この時は、大変雪が深かったということを記憶しております。その日は、田中義廣先生と一緒に、長治庵という民宿に泊まり、杉野中のオコナイを見学させていただきました。田中先生というのは、お医者さんでありながら、お祭りの研究をされていた名古屋の方で、先生の病院には、「ただいま祭り診察中につき、お休みします」と書かれた看板がかかっていたというウソのようなホントの話があるほど、お祭りにたいへん熱心な方でありました。残念ながら三年ほど前に亡くなられましたが、日本中のお祭りを全部見尽くして、チベットやヨーロッパにも行っていました。

この田中先生に案内されながら杉野中のオコナイを見学したのですが、翌朝、一人で杉野にある寺や墓を見て歩きました。当時の懐かしい調査ノートがありますので、その時のことを次のように書いています。

「真宗の盛んなムラである全戸東（本願寺）、この奥の金居原に西（本願寺）が一軒あるという。八日の八時過ぎから長治庵の上にある龍山寺へ行く。昨年、藁葺きであった屋根を瓦に葺き替えたという。大きさは四間四面ほどもあったか。しかし真宗寺院特有の長い廂は見られず、いかにも山間の寺のたたずまいであった。いま、一か寺を訪れたが、御堂の中は整然としていた。「恩徳さん」、「しんらんさま」、「道光明朗」の和讃が貼られ、村人の真宗信仰の篤《あつ》さがわかる。教化活動が盛んな様子である。宿で話した人は、昨年、越後の七不思議へ行ってきたとのことであった。両寺とも境内には墓地をもたず、バス亭農協前の畑を横切って、小高い山の上にある。新雪のため膝まで沈みながら苦労して行く。登りきった頂上にあった。真ん中、やや奥に少し大きい松の木が生え、その下に「南無阿弥陀仏」の自然石が建ち、周りに石塔・墓標が並ぶ。石塔の頭部近くまで雪に埋もれて詳しくはわからないが、形式は、昨年、彦根近くで見た琵琶湖畔の墓と同

杉野中の墓地（昭和57年撮影）

じものである。墓標は忌垣によって囲われていたし、石塔は、正面が名号で、右側が先祖代々となっており、左側に没年である。石塔は大正頃から建てられたものであろう。本山納骨は土葬であるため、遺髪を三年忌に納めるという。報恩講等については前に記す」。

自分でも、こんなことを書いていたのかなぁということもありますが、ただ、雪が非常に深かったことだけはよく覚えております。雪国の暮らしは、全くわかりませんが、膝までズブズブと雪に入りながら、生活道路から外れた墓地まで歩いて行きました。よく行ったものだなぁと自分でも思っております。やはり、「見てみたい」というひとつの関心が、そうさせたのでしょう。

その時に見た真宗寺院のお寺は、現在もあるだろうとは思いますが、そのお寺というのは、私が名古屋近辺で見ております真宗寺院とは、外見がちょっと違っておりました。大きいとか小さいとかそういう問題ではなくて、名古屋近辺のお寺は、屋根瓦が反る様な形で向拝《ごはい》があり、遠くから見ても一目で、ここは真宗の寺院、真宗門徒の村だなということがだいたいわかるのですが、その時に訪れた寺は、そういう形とはかなり違っておりました。その時はまだ不勉強でわかりませんでしたが、湖北には道場とか、自庵・毛坊主といった古い形態が長く残っていることや、それを基にして、真宗寺院が成立してきたことを、後年になって知りました。『社寺取調類纂』という明治期の資料があったと思いますが、そういった資料を用いて真宗のいろんな村落の調査をされた社会学の先生、森岡清美氏の研究論文を読み、後から、ああ、そうだったのかなと思ったことがございます。

いずれにいたしましても、こういうような、結びつきを思い出しております。

湖北のオコナイ、花・鏡餅と閉じられた仏壇
（長浜市木之本町杉野向）

オコナイと真宗

通常、民俗の研究ではオコナイということに関心を持ち、調査をいろいろ行っていますが、考えてみますと、真宗の教義に反しているにもかかわらず、真宗門徒の方たちがこのオコナイをしているわけですね。後ほど、スライドをお見せしますが、オコナイでは、真宗門徒の方が

袈裟をかけて行っている。また、オコナイの宿になった部屋を見ますと、ちゃんと立派な真宗の仏壇があるわけですね。ただ、そこは、扉が閉めてありますが。

それから、オコナイの餅というもの、あれはいったい何なのだろうか。例えば、今日はお話する時間がありませんが、乗如上人の御越年《ごおつねん》という行事がございます。今日でも、御越年のときには、乗如上人の絵像を、北と南にわけて巡回しています。そして、その時には大きなお餅を作り、切り分けて村の中に配るという鏡割りが行われます。

このように、真宗門徒の村でありながら、オコナイという行事をつとめてきたという姿や、真宗門徒としての行事を行ってきたという姿。今日はそういったことの関係も探ってみたいと思います。

ハカマイリ（墓参り）について

一九九一年から四、五年間、相愛大学にいらっしゃった西口順子さんと、一向一揆の研究をされている東京の神田千里さん、それから、大谷大学の草野顕之さん、龍谷大学で真宗史を研究されている岡村喜史さんと一緒に、絵系図の調査をさせていただきました。今日この中に関係者の方がいらっしゃいましたら、改めてお礼を申し上げますとともに、また誤りがあればお教えいただきたいと思います。

それでは、絵系図についてお話させていただきたいと思いますが、今日は絵系図ということだけではなくて、ハカマイリという問題についても考えてみたいと思います。

ハツバカ（初墓）のハカマイリ（墓参り）

ハカマイリという言葉は、何も特別な用語ではございません。しかし、この湖北の皆さん方が頭に思い浮かべますハカマイリの事柄と、他の地域の方が受け取るハカマイリという言葉では、その受け取り方がずいぶんと違います。ハカマイリの行事を行っている範囲がどの辺りまでかというのは、大きな問題でありますが、旧びわ町辺りまでなのかもしれません。

一九九一年に東浅井郡浅井町の野瀬と東浅井郡湖北町馬渡の調査をさせていただいたのですが、ここでは、自分たちの先祖が描かれた絵系図があるお寺にお参りに行くということをハカマイリとおっしゃっておりました。これは、盆に先立つお寺の重要な行事になっているということでした。

つまり、調査した地域では、墓地があり石塔があり、遺体が埋葬されている通常のお墓へお参りすることがハカマイリではなくて、お寺にお参りをすることがハカマイリだということでした。いかがでしょうか。現在はもう変わってきているのでしょうか。あるいは、今でもそうなのでしょうか。もしかしたら、この中にも、このようなハカマイリをされている方がいらっしゃるのかもしれません。

八月十日に調査をさせていただきました、野瀬の光福寺さんの場合には、ご門徒の分布が大きく四か所に分かれているということで、野瀬が百戸、馬渡が十六戸、長浜市内が二十数戸、鍛冶屋が二十数戸とのことでした。光福寺では、十日の午前十時から、馬渡と長浜市内のご門徒さんのハツバカ（初墓）とソウバカ（総墓）が一緒に行われておりました。それから、十日の午後から野瀬のハツバカ、十一日の午前七時からは野瀬のソウバカ、そして十一日の十時からは鍛冶屋のハツバカとソウバカが一緒にされておりました。最初は、わからなかったですね。ハツバカ、ソウバカという意味が……。どういうことなのだろうと……。

伺いましたところ、ハツバカとは、その一年に亡くなられた方、つまりお盆から翌年のお盆までの間に亡くなられた方の絵に、お参りをするということ。そして、その翌年からはソウバカということになります。確かに、私のお寺でも一年の間に亡くなられた方を中心に永代経をあげるということはあります。しかし、ハツバカ・ソウバカというような言い方はございません。それでは、どのような行事だったのかを見ていきましょう。

ハカマイリの次第

まず、八月十日の午後二時に大鐘がなり、三時には喚鐘がなりました。オヒネリが本堂の中に、散じてありました。このオヒネリを見る光景もだんだん少なくなりましたね。名古屋では、もうオヒネリが後ろから飛んでくることはありません。

ハツバカの人は裃姿《かみしも》、他の参詣人は、黒の服に袈裟を着用しておりました。古い絵系図は、内陣余間《ないじんよま》の机の上に安置され、灯明が点じてありました。十五時二分に「先請弥陀《ぜんしょうみだ》」の伽陀《かだ》、大経《だいきょう》（仏説無量寿経）が始まり、すぐに裃姿のハツバカの方が、お焼香をされました。お焼香と大経の読誦が終了すると、佛光寺派の行事でありますから、「一流相承」をご門徒に向かって拝読をされました。この様子を拝見し、私はいたく感心いたしました。

そしてこの拝読が終わりますと、今度はハツバカ（初墓）の絵系図が読み上げられました。後からお聞きしたのですが、五十年間遡《さかのぼ》って読み上げられるとのことでした。調査したときが一九九一年でしたから、その時は昭和十七年から五十年分でございました。往生の年月日や俗名が読み上げられます。在所によってご門徒の数が変わりますから、早く終わるところもあれば、時間がかかるところもあります。ご門徒の数が多いと、一時間もかかることもあるようです。

ハカマイリの中に、「ハカヲタテル（墓を建てる）」という表現があります。「ハカヲタテル」というのは、昨年の盆から一年間に亡くなった者の姿を絵に描いて、往生年月日、法名などを記し、五十年間残していこうとすることをいいます。いわゆるハツバカ（初墓）のことで、来年からがソウバカ（総墓）になります。ご門徒は、絵系図というものを一切見ません。現在は木版でございますが、時代を遡りますと古いものは、絵で描いてあります。

東浅井郡湖北町馬渡の光源寺さんでも同じような行事が行われていました。八月七日には鍛冶屋《かじや》の五十戸、それから八日は西山の二十戸、九日には朝妻、十日は安養寺、上野の三十戸、それから十一日には野瀬、十二日には馬渡六十戸のご門徒のハカマイリが行われていました。だいたい在所は、遅くなるというのが通例です。この光源寺さんと先程の野瀬の光福寺さんを比べてみると、どういうわけか門徒さんがクロスしています。なぜなのでしょう。このことについては、今後、調べたいと思っております。

ハカマイリの様子ですが、馬渡の光源寺さんでは、ハツバカの方は、庫裏の玄関から入られます。この時、ご住職は正装してお迎えをされます。ハツバカの方はご住職に挨拶をし、次に袢をつけて本堂へ行きます。大鐘と喚鐘、伽陀「直入弥陀《じきにうみだ》」、そして阿弥陀経が読誦され、ハツバカの方が順番に焼香をします。本尊の前には、前卓《まえじょく》という台がございますが、その上に法名の紙が順番に並べられております。そして、正信偈と御和讃が済みますと、次にハツバカの絵をみながら、俗名・法名・往生年月日・在所名・何々の父という続柄が読み上げられます。やはり、五十年間分を読まれるそうです。そして、これで法要が終わるわけです。

絵系図の形態ですが、二段に描かれていることもありますが、この場合は、下が新しいものです。

絵系図をもつ寺院

三十年近く前に、能登川町伊庭《いば》（現・東近江市伊庭町）の妙楽寺さんに伺いましたところ、似たような事柄が行われており、そこでは「絵系図まいり」というような言い方をされておりました。「絵系図まいり」という言い方は学術的な言い方で、湖北では「ハカマイリ」というような言い方をしております。この言い方は、この土地の呼び方であります。妙楽寺さんには、須弥壇の下に納骨施設があり、そこにお骨を納めるということをお聞きいたしました。

佛光寺派の方はご存知だと思いますが、このような絵系図は、佛光寺派教団の歴史の中では特徴的なものでございます。もちろん、絵系図自体は他のところにもありますす。御本山にもありますし、何年か前には、広島の宝田院というお寺を調査させていただいた時にもありました。ですから、絵系図というものは、他の所にもありますが、ムラに住んでいる自分たちの先祖が描かれた絵系図というものが、これほど大量に残されているのは、湖北地方や伊庭の妙楽寺さん、それから竜王町川上の光明寺さんだけだと思います。これは非常に特徴的で、また庶民の真宗門徒の歴史にとりましても、特筆すべきことだと思います。

竜王町川上の光明寺さんには、古い絵系図が残っておりますけれども、調査しましたところ、絵系図は大事に保管されておりましたが、行事そのものは何もなく、「絵系図まいり」をするというようなこともありませんでした。ですから、絵系図にお参りをするという行事は、伊庭の妙楽寺さんと、このあたりの湖北の行事だけなのです。

真宗大谷派門徒のハカマイリ

それでは、この行事は佛光寺派のご門徒だけの特徴的な事柄なのかといいますと、絵系図に参るという事柄については、そうではありますが、「ハカマイリ」という言葉に注目しますと、必ずしもそうではございません。

ハカマイリという習俗は、教団が異なる真宗大谷派のご門徒やそのお寺さんでも、この辺りではあると聞いております。私が詳しくお聞きをしたのは、木之本町赤尾の西徳寺さんの場合ですが、やはり八月の十三日にハカマイリということが行われております。もちろん、ハカマイリといっても、通常のお墓にお参りすることではなく、ご門徒が本堂にお参りすることです。

今は西徳寺があるのは赤尾という村ですが、ここはもともと北布施というところとひとつの村になっており、これらふたつの地区の門徒さんを、ジモント（地門徒）という言葉で表現されておりました。「地門徒」とは、いい表現ですね。この地門徒のムラを北と南に分けまして、その北の方の門徒をキタデ門徒、そして南の方の門徒をミナミデ門徒と言っておりました。まずキタデ門徒がお参りをされます。それが一番膳です。一番膳が済むころにミナミデの門徒さんがお参りをされ、お斎《とき》の席につきます。これが二番膳です。この日は、非常に朝が早いとのことでした。なにしろ朝の七時半頃には終了するという行事だそうですから、坊守さんは、夜中の二時半くらいに起きて、お斎の用意をしなければならないという苦労をお聞きしました。

また、タショ（他所）とかエンヅキ（縁付）といった言葉もございます。十三日には他所と縁付の門徒もお参りをされます。タショ門徒というのは赤尾、北布施以外の門徒のことを言います。エンヅキというのは、赤尾、北布施で生まれて他所へ嫁いだ人のことです。エンヅキは、親を亡くしたりした時には、必ず帰ってくるものとされていて、このハカマイリの行事が続けられているとのことです。ここには、絵系図はありませんでしたけれども、こうしてハカマイリが行われておりました。

このように、ハカマイリという行事は湖北にかなり広く見られる行事です。どれだけ南の方まであるのか、まだ確認ができておりません。みなさんから、お教えをいただければと思っております。

ハカマイリの意味

さて、絵系図は、たいていお寺が保管をしているわけですから、ご門徒は直接にそれを見ないわけです。明治時代の頃だったでしょうか、伊庭《いば》の妙楽寺さんは、絵系図をすべてご門徒に返されたそうで、ご門徒の方それぞれが個人の家で、絵系図を持っていらっしゃいます。しかし、これは、後の形態でありまして、お寺でずっと保管をしていくというのが、昔から伝えられてきた形態のようです。ですから、本来ご門徒さんは、絵系図を見ないわけです。にもかかわらず、お寺にお参りをすることをハカマイリといっているのです。

それでは、どうしてハカマイリと言うのでしょうか。なかなか難しい問題でありますが、私は、門徒の墓制、お墓のあり方と非常に関係していると思います。

ひとつの例が、高月町の東物部です。東物部の土葬は、両墓制といいまして、遺体を埋める場所と石塔を建てる場所とが区画を別にする、近接型になっています。現在もあるようでございますが、調査しましたところ、この形態は、それほど古い形ではないようです。明治初期の火葬禁止令に対応して、火葬であったのを土葬にするようになり、さらに明治十年（一八七七）ごろから家ごとに石塔を建立するようになりました。ですから、近世の段階から両墓制の形態ではなかったということです。現在は、また火葬になっているのですが、明治期に、火葬であったものを土葬に変え、石塔を建てるようになったというわけです（青木俊也「火葬禁止令と葬墓習俗―火葬から土葬へ」『民俗宗教』東京堂出版、一九九三年）。

東物部のサンマイ（埋葬墓地）

それでは、近世の頃はどういう墓の形態であったのでしょうか。サンマイ（三昧）、つまり墓地のことをこう呼んでおりますが、近世では埋葬墓地に真四角な穴を掘り、榛《はん》の木で縦横に組んだ上に座棺を乗せ、燃やして、穴の中に落ちたお骨を埋葬する、火葬すると同時に埋葬してしまう、という形態をとっておりました。ですから、そこには石塔は建てられていなかったわけです。それでは、死者はどのようにして祀られていたのだろうかという問題がでてまいります。そこに浮かんでまいりましたのが、ハカマイリというひとつの習俗です。

東物部には、仏善寺（佛光寺派）、證光寺（真宗大谷派）、西物部には雙林寺（真宗大谷派）などの寺院がありますが、ここにお参りすることをハカマイリといっています。そして、実は、この東物部の村人を描いた絵系図が馬渡の光源寺さんに残されております。埋葬して墓地はあるけれども石塔がない。そのために、寺に参ることをハカマイリという言い方をし、そして、死者を描いた絵系図が残っている、佛光寺派では中本山的な大きなお寺に絵系図が残っていて、お参りをすることをハカマイリと言うのではないかと思います。

ただし、そういう習俗においては、お墓という概念が、普通の概念とは随分変わってしまっています。それは、湖北の真宗門徒が生み出したひとつの真宗の民俗であろうと思います。湖北門徒が生みだした、ひとつの民俗文化であろうと私は捉えているわけでございます。これがまず一点です。

リンジュウブツ（臨終仏）について

次に、リンジュウブツについてお話します。みなさんの中には、お葬式そのものに関心がある方もいらっしゃるかもしれません。湖北のお葬式は、名古屋と比較しますと、随分と古い形が残されているかと思います。今日こちらにお邪魔する前にも、湖北に住んでいた方から、「平成になっても白装束を着て、葬列を組むという葬式のかたちが残っていますよ」と、葬列の写真と記録を送っていただきました。今日、この会場に来てくださっているかと思います。お礼を申し上げます。

今日のお話は、もちろん葬式にも関係いたしますが、主にリンジュウブツ（臨終仏）ということについてお話させていただきたいと思います。この辺りでは、リンジュウブツといわれておりますが、この呼称だけかといいますと、必ずしもそうではありません。私は、統一的な用語としてソウブツ（惣仏）という言い方をしておりますが、地域によりまして、いろいろな呼称がございます。

私が規定しております一応の範囲では、絵像本尊（阿弥陀さんの方便法身尊像）、もしくは、本願寺歴代御影の絵像が寺にありまして、葬儀や法事の際に、ご門徒へ貸し出され、そこで儀式が行われて、またお寺にお帰りになるという形を、オソウブツというふうに捉えております。全国的なものではありませんけれども、湖北には集中的にみられます。岐阜県の大垣辺りから関ヶ原にかけて、また三重県から近江にかけても存在します。福井県にも少しありまして、北陸では、ムジョウブツ（無常仏）、新潟ではオタカラサン（お宝さん）というような言い方をしています。呼称は他にもいろいろありまして、ホトケサン（仏さん）、オクリボトケ（送り仏）、ムカエボトケ（迎え仏）、ニョライサン（如来さん）、ノブツサン（野仏さん）、あるいは、イットウボトケ（一斗仏）、ゴショウボトケ（五升仏）などがあります。

何年か前に、「オソウブツ考」という論題で阿弥陀さんの絵像本尊について書いたのですが、湖北の事例はいろいろ読んでいたにも関わらず、これほど湖北に集中的に残っているということに改めて驚きました。

絵系図の調査とあわせて、オソウブツの調査をさせていただいたのですが、オソウブツというのは、結論からいいまして、道場の本尊であったといえます。道場・道場元・自庵は、真宗寺院になる以前の前姿形態でありますけれども、道場の本尊であった阿弥陀如来の絵像は、実は葬儀の時に使用されておりました。ですから、真宗信仰の教義から考えますと、全く見えてこないわけですけれども、中世のご門徒の方が、どうやって葬式をやっていたのであろうか、一四〇〇年代の蓮如さんの頃や、一五〇〇年代に佛光寺派さんがこの辺りに強くなってきた頃に、葬儀をどうやって行っていたのだろうか、ということを考えていきますとわかってきます。つまり、この辺りでは現在でも行われていると思いますが、このリンジュウブツの儀式、儀礼、阿弥陀如来の絵像本尊というのは、重要な意味を持っているということであります。

葬式・法事とリンジュウブツ

それでは、浅井町郷野《ごうの》の仏縁寺さんでお聞きしました行事の内容をご紹介します。葬式や法事の時には、ホトケサンと呼ばれている光明本尊と、リンジュウブツと呼ばれる阿弥陀如来の絵像が寺から貸し出されます。葬式のときには、まず「ホトケサンムカエ（仏さん迎え）」に行きます。そして寺から喪家《そうか》へ行列をなして歩きます。順序はサンバソウ、鐘をカンカンと鳴らすんでしょうね。それから、香炉。次に、光明本尊、朱傘、リンジュウブツ、そしてご住職、衣、お経、オドウグ（お道具）が続きます。裃を着た親類代表が奉仕することになっています。

「仏さんを申した人」の後ろに白喪服を着た奥さんが続きます。家に到着するとホトケサンを住職が床の間に掛けます。葬式のときは「リンジュウブツ」（阿弥陀如来の絵像）を掛けますが、法事のときは光明本尊を中心に掛けます。葬式のときは、施主が裃、妻が白喪服に前帯姿、そして足は何も履かない、つまり裸足という格好です。お葬式になると、お寺に駆け込むようにして出向き、リンジュウブツを借りてくるということです。

「ホトケサン（光明本尊）はおとまりにならない」そうです。つまり貸し出すだけですね。「リンジュウブツだけが、遺体の側でとまる」ということです。灰葬から帰るとアゲツトメ（上げ勤め）を行い、これ

臨終仏（オクリボトケ・関ヶ原町）

が済むと住職が絵像（リンジュウブツ）を持って帰ります。「ホトケサンヲモウス（仏さんを申す）」と、必ず「入仏法要」をします。三回忌、七回忌、五十回忌などの法事でも、親鸞絵像だけでなく四幅絵伝、太子絵像、リンジュウブツ、光明本尊が門徒の家に貸し出され、ヨンシャクダン（四尺壇）といわれる八畳の四部屋に各絵像が掛けられます。太子絵像は金婚式・銀婚式、還暦などのときに貸し出されます。ですから今では、寺院化し立派なお寺になってしまい、軸はお寺に置いてあるだけですが、時代を遡ると、実は絵像をみんな貸し出していたのですね。

リンジュウブツの分布

このような事は、新潟でも聞きました。お寺の余間に飾っていた軸が全部空っぽになってしまうと……。つまり貸し出していたということです。何のために貸し出したかというと、普通の門徒の在家の家で法要をするからです。御遠忌《ごえんき》という行事がありますね。それはお寺だけじゃなく、各お講単位で、そのお講の宿になった家、宿元なども借りてきて法要をするということです。

お葬式もそうです。それぞれのところに貸し出して行うわけです。現在のように葬儀会館で行うようになった形と全然違うわけですよね。そのような形でありましたから、お寺の法宝物というものは共有のものであり、ご門徒のものでもあるわけですから、貸し出しをされているというわけです。つまり、光明本尊なり絵像本尊なりが、貸し出されて法要が行われる。そして、そこが道場になる。そういう形態が実は湖北地方には多かったということです。ですから、講というものがこの辺りにはたいへんよく残っております。

乗如上人の御越年《ごおつねん》という行事でも、今は、在家のお宅も難しくなったようですが、家を順番に回って行います。ある意味では、これも「ホトケサンヲモウス（仏さんを申す）」ということにもなるのでしょう。このことが、葬儀の場合はリンジュウブツという形で行われます。

さて、リンジュウブツの分布図は、図のようになります。実は、もっとたくさんあるかと思いますが、このように湖北にたくさん集中して見ることができます。この辺りを中心に三重県や岐阜県にも広がり、関連があるのではないかと思います。

このような分布を調査する際には、たいてい聞き取り調査と真宗寺院の調査、方便法身尊像の裏書調査、それから古文書があればそれも調べさせていただくのですけれども、絵系図調査の時にも佛光寺派寺院の阿弥陀如来の絵像本尊、方便法身尊像の調査をさせていただきました。これは非常にありがたい調査でした。といいますのは、これまで真宗史の研究において、裏書というのは基本史料でありながら、従来、東・西本願寺だけで行われていたために、佛光寺派の裏書が、どういうものなのか、あまり調査されていなかったからです。それは、高田派の寺院調査でもいえることだろうと思います。

当時、一緒に調査をした、現在ご活躍の草野さんや、龍谷大学の岡村さん、あるいは、東京で真宗史や一向一揆の研究をされている神田さんにしましても、佛光寺派の絵像本尊の裏書は、おそらく初めてだったのではないかと思います。かつて、これだけしっかりと調査をさせていただいたことはございませんでした。

このあたりのお寺さんは、阿弥陀如来の絵像本尊を一幅だけではなく、二幅・三幅持っていらっしゃいます。なぜ、そんなに持つ必要があったのかということですね。それは、やはり、リンジュウブツが貸し出されていたからです。葬式が重なる場合がある。あるいは、住職家だけのリンジュウブツというものがある場合もあります。

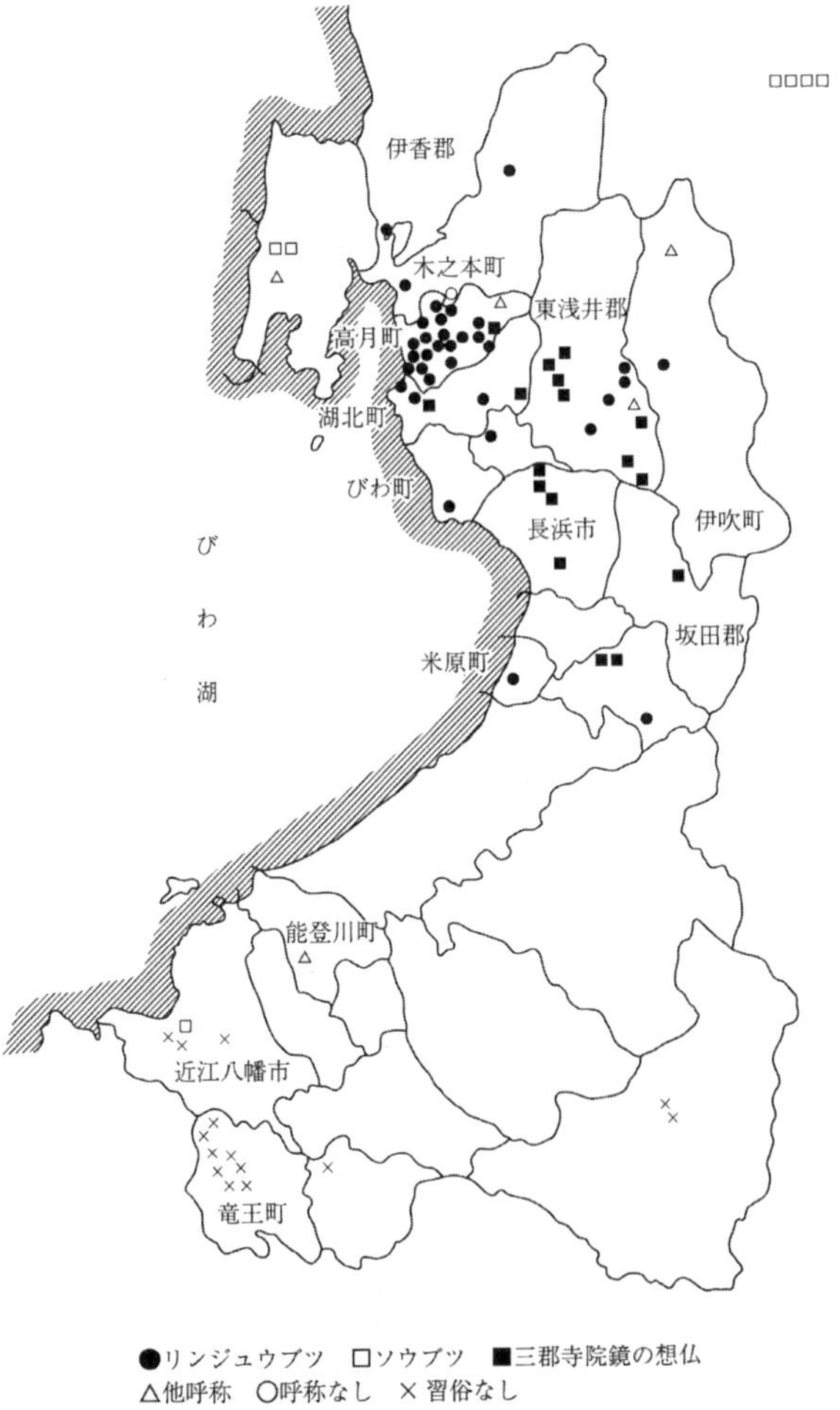
伊香郡
木之本町
東浅井郡
高月町
湖北町
びわ町
長浜市
伊吹町
びわ湖
坂田郡
米原町
能登川町
近江八幡市
竜王町
●リンジュウブツ　□ソウブツ　■三郡寺院鏡の想仏
△他呼称　○呼称なし　×習俗なし

図　臨終仏の分布

絵像本尊の裏書

それでは、いくつかの裏書を紹介させていただきます。

鍛冶屋（長浜市鍛冶屋町）の西証寺さんの絵像本尊には、「方便法身□形／□長庚□年十二月／□□見筆／江州浅井郡西草野庄鍛冶屋村／願主釈道円」とあります。これは開基仏といわれるもので、慶長五年（一六〇〇）のものです。もうひとつは、実際に貸し出される方で、「方便法身尊形／釈寛如（花押）／寛延元年中秋上浣／南之坊下／江州浅井郡鍛冶屋村／西証寺什物也」と書かれ、一七四八年のものです。

湖北町馬渡の仏願寺さんの絵像本尊には「方便法身尊形／慶長六辛亥年三月廿八日／画工加賀守勝筆／江州浅井郡速水南馬渡村／願主　釈光清」とあります。慶長六年ですから一六〇一年になります。このように、佛光寺派の裏書の場合には、描いた画工、描いた絵師の名前が入っています。これは東・西本願寺の裏書にはない特徴的なことです。

次にリンジブツサンといわれている伊香郡高月町東物部の仏善寺さんの裏書を紹介します。「方便法身尊形／（花押・朱印）／寛永廿癸未年二月四日／江州伊香郡富永庄東物部村／惣仏　釈道祐／大善院下」とあり、ここには、「惣仏」という表現が出てまいります。物に心の物です。伊香郡高月町磯野の法光寺さんの裏書にも、やはり同じく「惣仏」という表現が出てまいります。

また、湖北町山本にあります浄通寺の臨終仏は、寛永十七年（一六四〇）のものですが、この裏書には、「江州東浅井郡山本川原村道場想仏」とあり、ソウブツ（想仏）という言葉がでてきます。ただ、ソウブツの「ソウ」は、想像の「想」が使われています。その他にも湖北には、実如さんとか、あるいは、証如さん、教如さんのような一五〇〇年代くらいのものや江戸時代初めの絵像本尊が、たくさんあるわけでございまして、やはりリンジュウブツとして使用されております。

『三郡寺院鏡』にみる「想仏」

『三郡寺院鏡』という史料、これは長浜市の授法寺さんが所蔵している近世の書き上げの記録です。実は、この史料よってリンジュウブツの意味がわかったということです。この史料を見た時は、ちょうど京都から奈良へ行く時で、特急券を買ったんですけれども、ホームで史料を読んでいて、特急が出たのを気がつかずにおりました。気づいたら特急が出てしまった後で、こりゃいかんと……。それほど、この史料を読んだ時には、感動いたしました。リンジュウブツと、史料が繫がったわけなのですから。この記録には、大谷派関係の長浜周辺の寺院や門徒の数が書き上げられていました。

レジュメの最初のところに保田村の西光寺さん、「自庵　毛坊主ニ而宗旨印済也」とあります。御堂の大きさは二間に三間、だいたい尾張でもそうですが、御堂の大きさといいますのは、二間に三間というような大きさです。現在では、かなり建て直されていますが、江戸時代のある時期までは、二間・三間とかそうしたお寺が随分たくさんあったようですね。そして、この西光寺の什物として「想仏」という言葉が出てきます。「宣如上人御免」とありますから、阿弥陀如来の方便法身尊像であります。

国友村の遍増寺さんの書き上げを見ますと、『想仏　実如上人御免」「自庵　元文四未年御免」とあります。それから旧浅井町南郷の宗元寺さん、この門徒はもともと内保誓願寺や吉槻光泉寺さんのご門徒だったようです。「往古内保誓願寺門徒吉槻光泉寺門徒也」とあります。また「想仏同行之壱人役廻リ持也」とあり、どうもソウブツと呼ばれて、持ち回り式の本尊であったと思われます。それから旧浅井町の瓜生の門徒の場合は、「往古　順光寺門徒」「瓜生　彦左衛門想仏廻リ持ち公儀へ不出」とあり、やはり、回り持ってぐるぐると廻していたことがわかります。それから東浅井郡湖北町沢の真願寺ですが、「真願寺下想仏モナシ道場元ニ非ス」とあり、道場元であれば「想仏」というものがあった、と考えられていたことがわかります。

ソウブツ（惣仏）からリンジュウブツ（臨終仏）へ

このように、リンジュウブツ、ソウブツサンという言い方が湖北には残り、寺院の書き上げの記録からも、在地に根付いたということがよくわかります。そして、実は毛坊主の毛坊道場、あるいは、はっきりと寺院化していない自庵といわれていたころの形であったということです。

もう一つの問題は呼称ですが、ソウブツとリンジュウブツとではどちらの呼称が古いのか、と言ったとき、私はソウブツだろうと思います。裏書にもソウブツという言葉が出てまいります。「物に心」の「惣」と、「想像」の「想」という字が出てまいりましたが、「惣仏」の方が元の表記であったのだろうと思います、それが、想像の「想」に仏で、「想仏」という形に変わってきたのだろうと思います。そして次の段階として、リンジュウブツ（臨終仏）という言い方に変わってきたのかなと思います。

そこのところに、どういった問題があるのかというと、葬儀の問題、墓が成立し、死者を祀るという儀礼が、近世の中で非常に盛んになってきたためにリンジュウブツと言われるようになったのだと思います。リンジュウブツという言葉そのものは、昔からある言葉ですが、在地で考えるとそのように変化をしてきたのかなと推定をしたわけでございます。

おわりに

最後に一点だけ、真宗の民俗を、真宗史の立場からは習俗という言い方をします。真宗の教えに対して習俗信仰という言い方をしておりますが、私は、真宗の民俗というのは、真宗門徒が生み出した民俗であり、その中に価値を見出そうとしております。習俗といいますと、真宗門徒が取り組んできた、さまざまな行事、伝承されてきた民俗文化というものが否定的な要素を帯びてしまいます。これに対して、私は、積極的な意味で意味の捉えなおしを考えてみたいという理由から「真宗の民俗」、あるいは「真宗民俗」という捉え方をしております。

その辺の問題は大きな問題もあろうかと思いますが、この湖北地方もいろいろ変わってきていることと思います。そうした中で、真宗民俗をどうしていくのかということは、担い手であります皆さん方お一人ひとりが再認識していただき、守り伝えていっていただきたいと思います。また意味の再解釈、あるいは新しい意味づけをしていただいて、積極的に行事を行っていただきたいとも思います。その中で、真宗の信仰を育んでいただけたらと思っているわけでございます。

質問より

Q　オコナイというものは、真宗の教えとは反するものだと思えるのですが、その点はどのように理解されますか？

A　オコナイは、もともと真宗の中から生み出したものではなかったということは、はっきりいえると思います。湖北の絵系図まいりは、真宗の佛光寺派教団の中から生み出されてきたものであり、死者を祀るためのひとつの方策でした。そこに信仰が関わり、法縁、地縁という仏法、地域、ご門徒の姿が生まれました。そのことは、民俗の研究者として、私は評価できると思います。

真宗が湖北に定着する以前からあったオコナイを真宗門徒が、ひとつの村という中で行う。これは、真宗の教義からすれば確かに反しています。真宗の教え、教学の面からいえば、そうなるでしょう。

しかし、オコナイが行われる村の中に、真宗寺院があったとすれば、そこのご住職がオコナイに関わっているのか、あるいは関わってきたのか、そうした歴史があるのかどうか。住職にとってオコナイは、ご門徒が勝手にしているという形になると推察するのですが。また、逆に門徒にとってオコナイというものが、真宗の信仰とは異質な形のものだから、それを排除するかどうかといったときの判断は難しい。他の習俗の場合は、確かに切って（排除して）きたものもあるんです。

しかし、オコナイというものは湖北のご門徒にとって、切れなかった。それは、真宗の純粋な教学的な面からみると、異質なものを一緒に抱え込み矛盾が多いですね。ただ、今切るのは簡単ですけれども、事実としてはずっと守り伝えてきている。

そこには、何があるのかということは、やはり考えてみなければならないと思います。私は真宗の民俗の中には、やはり真宗の教学の教えに近いようなものもあるし、習俗に非常に習合化している場合もあると思います。幅もあるから右も左もある。両方あると思うんですね。ですから、習俗化してるからといって切ってしまうと、今度はだんだんやせ細ってしまうんですね。先程の質問で、昔はちゃんと仏壇を開いてオコナイをしていたという話をお聞きをしました。私はそれを聞いて、ああ、そうだったんだ、そういう意識をされていらっしゃったんだと改めて思いました。

このオコナイの問題を真宗としてどう考えるのかという答にしても、神祇の問題にも関わってくるわけです。それは、今日お話した墓の問題についてもそうです。墓というものは、真宗の中においてはほとんど何も論ずる必要はないといって切ってしまえば、もうそれで終わるわけですけれども、実際に生活している方々にとっては、亡くなっていく身であり、自分の身をどうかしなければならないわけですし、残された家族はそれをどう受け取るのかということになってくるわけです。ですから、このオコナイと真宗の問題につきましても、答は保留するような形ですけれども、私は真宗民俗のあり方としては、今日のオコナイも、そのひとつの姿だという受け止め方をしております。

そして、それをもっと考えてみたいとも思っています。だからこそ、今日、オコナイの写真を紹介しながら、その中に映った仏壇を見てくださいよとか、袈裟をつけられている様子についてお話をさせていただいたわけです。きちっとした考えにはならないかもしれませんが、それが私の考え方です。

Q サンマイという言葉がありましたが、サンマイとはどのような漢字をかくのですか？

A サンマイというのは、「三昧」と書きます。読書三昧の三昧です。物事にふける、集中をするという意味で使われていますが、もともとは仏教用語です。なぜ、墓地を三昧というのか、といいますと、死を迎えるというのは、人間を卒業して煩悩の燃え盛っていた状態が消滅したわけですから、その静かなその状態を「三昧」というのでしょうね。

あえて、漢字を使わないのは、土地によっては、ボチ（墓地）というところもあったり、ムショ（墓処）というところもあったり、つまり、いろいろあるわけです。ですから、民俗の中ではカタカナ表記にしています。カタカナ表記にしているのは、その土地では、どう呼んでいますかという読みの「音」を表すためです。

例えば御文さんは、その書かれた文字がカタカナ表記ですね。現代では読みにくいですが、なぜ、カタカナで書かれているのかというと、カタカナというのは、音を表しているからです。御文さんは、黙って読むわけじゃなくて、声を出して読むものです。ですから、カタカナで書いているわけですね。民俗学でも、その土地でどう呼ばれているかということを大切にしますから、カタカナ表記を用いているわけです。

Q　真宗においての名号の位置づけを教えてください。

A　確かに「御木像よりは、絵像、絵像よりは名号」という蓮如さんの言葉がありますす。しかし、蓮如さんが名号を書かれて、ご門徒に下付された場合、その出された名号は本尊になっていたかどうかということですね。例えば親鸞聖人の九字名号、十字名号とか、少し前ですとちゃんとした蓮台がありますよね。蓮台があれば本尊にもなりえたでしょう。しかし、蓮如さんが書かれた名号をうけた人たちは、確かに何もなければ本尊としたでしょうけれども、すぐに蓮如さんの次の代の実如さんの代になってきますと、爆発的に絵像本尊というものが下付されました。そうしますと、蓮如さんの名号は一時期、本尊になっていたこともあるのでしょうが、それも脇掛になってしまうこともあったわけです。

教学の教えでは、確かに南無阿弥陀仏という言葉の意味の方が、重いといっています。阿弥陀如来の絵像本尊は裏書にあるようにあくまで方便です。方便法身。私どもではその姿を見ることができません。本当の如来というのは色も形もないわけですから。わからないからこそ、人間の似姿にし、方便の姿にして表しているのです。それに対して名号というのは、言葉になった仏そのものであります。ですから、名号の方が重いわけです。けれども、歴史的に信仰や祭祀の中心としてみた場合、確かに名号が本尊だったときもあったでしょうが、実如さんの時代になると絵像本尊の時代に入りました。その辺りの違いだと思います。

Q ソウブツの「ソウ」は「想」と書く場合と「惣」と書く場合があるようですが、「惣」はどういう意味があるのですか？

A 「惣」というのは、歴史の用語でもありますし、「惣村」などに用い、「惣」は共同という意味があります。ソウブツを漢字で書く場合、先ほどお話ししましたように、裏書には、想像の「想」がよく使われておりましたが、物に心の「惣」はご門徒の共有のものですよという意味があります。ご門徒同士の惣結合、結集の仕方の意味合いがあります。しかし、「想」には、そのような意味はありません。

当初の裏書には「惣」という文字が書かれていますが、その後は「想」という文字が用いられます。なぜ、この字が使われたかといいますと、特に理由はわかりませんが、音が同じですので、この文字を当てられたのだと思います。文字はどうあれ、ソウブツという言い方があったことは、裏書に記されていたこの文字から明らかだということができます。

しかし、湖北の方では現在、ソウブツ（惣仏）のことをリンジュウブツ（臨終仏）と呼んでおりますから、無理にソウブツという言い方に変える必要は全くありません。私は、研究上の用語として統一的に考えた場合、ソウブツというふうに捉えているわけでございます。くれぐれも、申し上げますが、何が正しいということなどありません。リンジュウブツさんと呼ばれているその呼び方を、湖北のみなさんには、今後も大切にしていっていただきたいと思います。

＊地名表記は、現在、長浜市に編入されていますが、旧記のままになっています。

Ⅲ　葬儀の崩壊と再生

「死」の伝承文化を見つめて

「DACnews」vol.61
同志社アーモストクラブ・二〇〇四年九月

誰でも「忘れられない風景」というものを、自らの中に持っていると思う。私にとって瀬戸内海に浮かぶ小さな一つの島、佐柳島《さなぎしま》（香川県仲多度郡多度津町）の墓地は忘れることができない。瀬戸大橋ができる前であった。調査ノートを調べると一九八六年（昭和六十一）八月一日に訪れている。あの頃、三十代半ばにさしかかろうとしていた私は、憑かれたように全国各地の墓地を歩き回っていた。同志社を卒業してアーモスト館の友人たちとも別れ、就職して五年ほど働き、再び仏教学・真宗史を学んで本格的に民俗学と取り組もうとしていた。また、出家をして真宗の一僧侶にもなっていた。

佐柳島の埋め墓

佐柳島の墓地は、どうしてもこの眼で見たいと思っていた。「墓を見たい」というと、一般的には奇異な感じを受けるかもしれないが、民俗学で葬送・墓制は重要な研究テーマであり、とりわけ遺骸を埋葬する「埋《う》め墓」と霊魂を祭祀する「詣《まい》り墓」という二つの墓を設ける両墓制習俗の解明は大きな課題であった。当時、佐倉市にある国立歴史民俗博物館では歴史学・考古学の研究者も参加して墓制の共同研究が行われ、その末席にも加わっていた。しかし、私が墓に関心を持ったのは、なんといっても同志社での恩師竹田聴洲先生の影響であったと思う。

佐柳島へは、多度津港から町営の船に乗り、いくつもの島々を通り過ぎて一時間ほどかかった。リュックを背負い、帽子を被り短パン姿で島に降り立ったが、とにかく異常に暑かったことを覚えている。島の中には、本浦と長崎という二つの集落が形成されていたが、年金生活者の老人ばかりになっていた。探訪の目的であった墓地に足を踏み入れたとき、そこは石、石、石……おびただしい程の石積みされた光景が一面に広がっていた。よく見ると、埋葬（土葬）間もないのか脱ぎ捨てられた草履《ぞうり》や息杖・死花《しか》・塔婆・野位牌・木偶《でく》の地蔵が置かれている。

一の谷墳墓、静岡県磐田市で発掘された中世墓地

石積みの向こうには、澄んだ瀬戸内の海が広がり、真夏の青い空がどこまでも連続していた。たった一人で、この光景の中に身をおいたとき、不思議な感動に襲われた。言葉にならなかったが、「あぁ、人間は最後こうなっていくんだな、忘れ去られるんだな」

という感慨であったろうか。その後、静岡県磐田市で発掘された中世墓地でも、丘状斜面に累々と丸石が連続した庶民の墓、賽の河原といってよいような墓地光景をみている。埋葬した後に何年かたって掘り返し、再び再葬する洗骨改葬儀礼を訪ねて奄美と与論島の墓地を回ったときも、墓の形態はちがっていたが、似たような思いにかられた。

「死とは何なのか」、ふりかえると学生の頃から考え続けている。それは、いくつになっても、どう生きてよいのか分からないという私があって、その反問なのかもしれない。

いま、真宗の一僧侶ということもあり、日々多くの門徒に接している。本当につましく生活を切りつめながら生きている老夫婦、自分の家も忘れてしまった夫を介護している妻、癌と必死になって闘っている人、子どもが交通事故で頭に障がいをもち泣きたい気持ちに耐えながら生きている家族、九十歳になっても給食弁当を一人で食べなければならない老人……さまざまな境遇と人生を生きている人たちと話している。私は社会的には何も生産しておらず、文字通り人間という「人の間」に自身を漂わせている。無力であり、他の人に何もしてあげることはできない。せめて「お元気ですか」「ご飯を食べてますか」と声をかけ、時に愚痴や病気の話を聞くことしかできない。そして、これまで数えれば五百人ほどの死に立ち会ってきた。その人たち、一人ひとりの人生と死を想う。

この十年の間に、葬儀は急激に変化してきた。自宅葬はなくなり、地方都市にまで葬祭場での葬儀が一般化した。田舎にかろうじて残っていた共同体や家族・親族の互助組織は完全に消滅し、葬送儀礼に込められていた民俗的儀礼としての意味は失われつつある。現代の日本という社会に生きている人々にとって、死とは何なのであろうか。先日も九十三歳の寝たきり老婆が亡くなったが、八人の子どもと十八人の孫があったにもかかわらず、誰も看取るものがいなかった。一方では、ペット犬などがお襁《む》褓《つ》をつけて介護されている姿をよく見かけるようになっている。ペットが死ねば、「かわいそうだ」といって葬式を行い、墓石まで建立する。よく考えてみると、おかしな事だ。自然葬や散骨も提唱され、このところは家族葬である。いろんな死に方と死の儀礼があってもよいと思うが、どこか自分の人生を過剰に自己主張し、あるいは死を演出しようとしているのではないか、という気がしないでもない。国が演出しようとする死もある。戦死者、靖国の慰霊である。敗戦後五十年を迎えた頃、毎週のように五十回忌法要を勤めていたが、「村の中に、こんなにも戦死者がいたのか」と驚いたものであった。五十年を過ぎても遺影は仏壇脇に掲げられ、高齢になった未亡人は戦死した夫のことを、まだ忘れていない。死は観念でなく、人間としての「身の事実」である。

佐柳島の墓地は、私にとって死を考えるときの原風景になっている。累々と石積みされた墓は、一切の物事が私の思いなど関係なく過ぎ去っていくことを教えてくれたのであろう。釈迦は死の間際に「一切の事象は過ぎ去っていく、怠ることなく修行を完成せよ」と弟子に言い残した。

死は誰のものか

「南御堂」第五三一号
真宗大谷派難波別院・二〇〇六年十一月

私が民俗学（フォークロア）というものに関心を持ちまして、もう三十五年近くになります。生活の有り様や生活の歴史を調査していく中で、とりわけ真宗門徒の葬儀やお墓の問題を通しまして、死ぬこと、生きること、また、真宗門徒としての信仰というものは一体どういうものかということを常々考えております。そこから今日は「死は誰のものか」という一つの問いについて、三つの視角からお話をさせていただきたいと思います。

一番目は「死にゆく儀礼」という問題。二番目に「現代における死のかたち」。それから、三番目に「残された者の死」として、慰霊や鎮魂、顕彰といった問題です。

それでまず、第一番目の「死にゆく儀礼」。これは私自身の個人的な問題から申しますと、実は二年前に兄を亡くし、そして、今年の六月には父も亡くしております。やはり、一番身近な人の死に会いまして、私自身も「死」ということについて考えるところがありました。今思い返してみますと、それは癌との闘いでもありました。死を現前の事実として直面する時には、死にゆく者も残される者にも問いというものがおきます。死にゆく者の問いは、自分の一生が何であったのか。兄の場合はノートを付け、父の場合も、自身の年譜を作るということをしておりました。残される者の問いは、それを目の当たりにし、一体自分に何ができるのか。その問いの中で、あるいはその葛藤の中で、今を生きる、癌と生きる。振り返って、そういう一つの在り方を限られた時間の中で過ごしていたのであり、それは「死にゆく儀礼」であったように思うのです。

それで、その個人的な体験をもとに、また調査してきたことを含め、二番目の「現代における死のかたち」という問題。具体的には葬儀ということになるわけですが、私はここに少し疑問を感じております。それは現代における死の密室性、閉塞性《へいそく》であります。かつては結婚式や出産も、すべて自宅で行われておりました。死の看取りの最後も家でした。それが世の中の流れ、生活様式の変化の中で、早くは出産が病院に、結婚式は結婚式場に、今、葬儀までも葬儀場の会館になってしまった。そこには南無阿弥陀仏の一声も出ないような葬儀になってしまっているように思うのです。また、現代の死のかたちを見ていきますと、たとえば、葬儀はしない、病院からすぐ火葬場へ行ってしまう直葬、それから家族葬。散骨や自然葬、樹木葬というかたちもあります。これらを支えているのは、自分が納得して死を迎えたいという、死を自己決定権という問題で考えているわけです。ですが、そこで少し思うのは、今は死というものが、あるいは浄土という、そのゆくべき世界というものがイメージできないのではないかということなんです。自然であればイメージできるというので、自然の中に還りたいと思うわけですね。しかし、親鸞聖人はその自然の中味を「自然（じねん）」の浄土にいたるなれ」と言われるのです。おそらく、その「自然（じねん）」と「自然（しぜん）」とは、ずいぶんかけ離れた意味内容であるように思います。

ですから、現代の葬儀の在り方を見て、やはりどこかおかしいなという面を感じるのです。それは何かと言えば、現代の葬儀はいろんな縁を絶ち切っている葬儀なんです。地縁や職縁、族縁（血縁）といった縁をみんな切ってきている死の在り方。葬儀をどんなかたちで出しても、その縁が切れておりますから、何かこう消えて無くなっていくような死の意味、あるいは、願いが相続されていかないような死でしかない。そこに私は疑問を感じております。

そして、三番目の「残された者の死」という問題。これは慰霊や鎮魂、顕彰という問題です。ここで難しいことは非業《ひごう》の死の場合です。非業の死とは、戦争や災害、あるいは事故・事件などで亡くなった人の死のことで、そういった慰霊というのは一体どういうことなのかという問題があるわけです。民俗学の研究から見ると、私は慰霊という行為は本質的には死者を神に祀りあげる儀礼と捉えております。ここにある大事な問題は、そこに救済があるのかということなんです。社会や国家が死の意味づけをしてくる。あるいは、英霊に祀り上げていく。それによって、死者も残されたものも、そこに本当に救いがあるのだろうかという、凄い葛藤があろうかと思います。お説教などでは、「死ぬのが嫌なのではありません。むなしく死んでいくのが嫌なんです」と教えられ、葬儀では、「本願力にあいぬれば／むなしくすぐるひとぞなき／功徳の宝海みちみちて／煩悩の濁水へだてなし」と親鸞聖人のご和讃を称えます。考えて見ますと、親鸞聖人は死ということをあまり言われなかったのではないですか。今は、往生が死後の問題なってしまい、往生ということが言われない。そこが問題にならずに、死の問題になってしまうんですね。むしろ親鸞聖人は、死という問題は往生という中に全部すべて摂《おさ》め取られていた。そして、如来の心、本願に、生きるということも、また、自分が行き着く先も、すべてそこに還されていく。そこにやはり救済という問題を考えていくのです。

今、私どもは人間としての身を生きている。この時代社会の中で生きる私が救われてこそ、死者も救われるという考え方が一つあるように思います。背景には、この私は本質的には死者に対して、非常に無力であったと。そこに初めて、『歎異抄』第五章にある「六道四生のあいだ、いずれの業苦《ごうく》にしずめりとも、神通方便をもって、まず有縁を度すべきなり」という現実の問題があるのではないかと思っております。

不安に立つ・尾張の土徳——葬儀の崩壊と再生

「名古屋御坊」五三五・五三六号
真宗大谷派名古屋別院・二〇一一年一・二月

「土徳」の「土」には「地域」の意味が込められている。「尾張の土徳」とは、尾張門徒が生活してきた土地・地域に染みこんだ念仏信仰の文化、ということを意味する。今、長年にわたって生活の中に伝承されてきた尾張門徒の土徳が消えようとしている。消滅というより、崩壊といった方がよいかもしれない。葬儀を例にとってみよう。

人は、いつか必ず死ななければならない。葬儀も文化であり、尾張門徒としての葬儀があった。しかし、この二十年の間に葬儀は劇的に変化し、現在進行中でもある。自宅葬や寺院葬は少なくなり、ほとんどが葬儀会館で行われるようになった。尾張地域における葬儀会館の成立を調べると、名古屋で最初の会館は昭和五十四年（一九七九）にできているが、その頃一か月に一件か二件しかなかったという。某葬祭業者の葬儀会館も平成以前は名古屋市中区と春日井市の二つしかなかった。平成になってから、葬祭業者は毎年驚異的なスピードで会館をオープンさせている。この間に、葬儀の仕方だけでなく死の意味も大きく変化してしまった。その背景には、地域崩壊・無縁社会・孤独死がある。親の老いを支えることも、病に付き添うことも、死を看取ることもできない限界家族の姿も顕著になった。

現代における葬儀について研究している人と話をしていて、「名古屋ではマスコミがいうほど直葬がない」という私の質問に、「東京や大阪と比べると名古屋は特殊」と返答された。そうなのか、名古屋は「特殊」なのか。尾張門徒の土徳を形成してきた基盤に「講」があった。地域の中に同行《どうぎょう》と呼ばれる門徒がいて講組《こうぐみ》を組織し、葬儀ともなれば一切を同行が取り仕切っていた。昭和三十年代から四十年代頃まで、葬儀に必要な道具のほとんどは同行が用意し、葬儀のお斎《とき》も隣近所の葬儀を手伝う人々によってまかなわれていた。通夜は同行が正信偈を勤めることであり、「住職は通夜に行かなかった」というところも多い。公共の火葬場ができるまでは、出棺してから葬列をしてムラのサンマイに行き、葬場勤行の後に埋葬したり火葬をしていた。白骨の御文も同行の長老などが拝読していた。そのために、御文の読み方をなんども練習したものだと聞いたことがある。尾張のムラは寺檀関係が複雑であるが、手次《てつぎ》寺が異なっていても講組が紐帯となって信仰共同体が維持されてきた。葬儀会館のできた平成以後の葬儀に、正信偈も念仏の声も聞こえない。

同行が中心になって行っていた昭和三十年代頃までの葬儀には、葬儀壇がなかった。お内仏の脇に棺を安置し、簡単な枕飾りと卓台《しょくだい》があった程度である。出棺勤行は必ずお内仏の前で行われていた。次第に葬儀壇が登場して葬儀は華やかになった。葬儀壇の中央に安置される聖殿風の建物は何なのか。長い間不審に思っていたが、最近になってようやくわかった。あの建物はカンマエ（棺前）、ハンゴシ（半輿）と呼ばれていて、もともと棺を納めた「輿《こし》」の名残であった。葬儀壇が登場した当初の頃は、壇の一番上に実際の輿を安置していたが、次第に棺が壇の下に置かれるようになったので、壇上には装飾化した「半分の輿」が残ったのである。

ここ五年くらいの間に「花祭壇」が流行りだした。赤や黄色・ピンク・橙といった色鮮やかな洋花を、曲線的にデザインして装飾した葬儀壇である。中央には大きな死者のデジタル写真が飾られ、遺品の数々が枕飯や枕団子に代わって置かれている。本来、葬儀の花といえば「樒」か「シカバナ」であった。喪服の色も鈍色《にびいろ》から白へ、そして黒へと変化したが、花の色も変化した。これは「葬儀と死のイメージ」が変わったことを示している。しかし、一方でこの変化は葬儀と荘厳の混乱を引き起こしている。宗門外の葬儀研究者や評論家から、葬儀を変化させたのは「死の個人化」と言われ

花祭壇

ハンゴシ（半輿）・カンマエ（棺前）と呼ばれる聖殿風建物

る。しかし、「死の個人化」と言っても何も解決にならない。救いもない。「死の個人化」とは「私らしく、自分らしい葬儀」ということのようであるが、死に対してまで、そんなに個人を主張したり私を誇示して何になるのであろうか。葬儀の司会進行役に女性が登場したのも平成十年頃からであるが、これは大きな変化であった。男性であれ女性であれ、司会者のナレーション的な飾り言葉は空々しい。それよりも、共に生活して生きてきた家族や同行が称える正信偈の声を聞きたい。南無阿弥陀仏の呼びかけを聞きたい。葬儀が「再生」する出発点もここにある。

「不安に立つ」ということは、限りある人間としての私が、この今を生きているという足下の現実に立ち向かうことであろう。親の介護もできない子ども、「子どもに迷惑をかけたくない」という老人たちという家族の崩壊、隣近所に誰が住んでいるのかも知らない孤立した無縁社会。虚《むな》しさを感じないはずはないし、こうした虚しさを隠したりごまかしてはならない。虚しさを心身に感じている限り、南無阿弥陀仏の呼びかけに応答し得る道が開かれている。「死」に華美な装飾と演出は必要ない。「生きる」ということも同じであろう。

真宗における葬儀の伝統と現在

「名古屋御坊」五八〇号
真宗大谷派名古屋別院・二〇一四年十月

「真宗の葬儀」はどこへいったのか。同行と一緒に『正信偈』を勤めた通夜、「南無阿弥陀仏」の大きな声が聞こえていた。自宅を出棺するときには、肩衣《かたぎぬ》を着けた同行が合掌し、近隣地域の人々が見送っていた。わずか二十、三十年前のことである。もうこうした姿は、ほとんど見られない。

近世以降、尾張における真宗門徒の葬儀は、同行組織である講組によって担われてきた。真宗の葬儀式は十六世紀に成立し、寺族の葬儀式に倣って住職と地域の同行が形成してきた。葬具の仏具磨きから野卓《のじょく》の三具足《みつぐそく》（燭台・花器・香炉）・供物・花、葬列の灯籠・六道（ロウソク）などの用意は同行の仕事であった。火葬することも同行

旧八開村（愛西市）の葬列、1991年撮影

が行っていたところがある。これをトモヤキなどと呼んでいた。

葬儀会館が成立して自宅葬や寺院での葬儀がなくなったのは平成以降であるが、変化し続けている。「葬儀の花」であった樒とシカバナ（死花・紙花・四華）はほとんど消えつつある。あっても隠すように置かれ、色花全盛である。鶴亀（燭台）・香炉の三具足もない。大きな葬儀社でも、真宗の三具足がほとんどないところがある。棺の上に掛ける棺覆袈裟の意味も忘れられた。教団や住職は荘厳《しょうごん》（おかざり）に厳しいが、葬儀壇の荘厳について何も言わない。指導しないし、できない現状になっている。葬儀の主体は誰なのか、喪主か住職か、門徒か、葬儀社か。

真宗の葬儀は真宗的な荘厳と声明《しょうみょう》・儀式、そして一人ひとりの信心によって成り立っている。死は不可解であり、死の儀礼は重い。不安、怖《おそ》れ、愛着、痛みが交錯しながらも、今生を終えて「お浄土にゆく」という浄土観に支えられていた。

僧侶は葬儀を葬儀社に任せきりにするのでなく、「死を語る」べきである。生と死の境界にある死者と生者に対して、現代の真宗は語ることができるのであろうか。葬儀とは、人間として今生を生きている生者に対しては「今、生きてあること」の意味を問い、来生《らいしょう》である浄土に往生した死者を、「仏」として荘厳し讃《たた》えることである。儀礼は儀礼としての意味があり、今、再確認と再構築が必要である。そのとき、儀礼を安心門《あんじんもん》（こころ）からではなく起行門《ききょうもん》（行為）から捉えることが重要である。そうでなければ、葬儀や法要において「南無阿弥陀仏」の声は聞こえてこない。

葬儀の花

『宗報』浄土真宗本願寺派・二〇一二年三月

花祭壇の登場

葬儀が急激に変化しています。あるいは、すでに「変化してしまった」と言ってよいかもしれません。どのように変化したのか、「葬儀の花」を例にして考えてみましょう。

葬儀における花とは何であるのか、どんな意味を持っていたのか述べる前に、ここ五年くらいの間によく見るようになった「花祭壇」に着目してみます。

亡き人の遺影を大きくして荘厳壇《しょうごんだん》中央に安置し、その左右に赤や黄色、ピンクなどの色鮮やかな洋花を曲線的にあしらったデザイン的な荘厳壇、これを花祭壇と呼んでいます。この花祭壇の登場は、「葬儀の花」とは何かという意識と感覚を、決定的に変えてしまいました。

花祭壇が登場する以前の荘厳壇は、白菊あるいは黄色を半輿などと呼ばれる聖殿風の建物の左右に飾るものでした。しかし、この荘厳壇自体も、昔はなかったものです。荘厳壇の変遷は、昭和初期から昭和三十年代に一般的となった、白布を敷いた「白布祭壇」に始まります。やがて、高度経済成長期になると白布に代わって金襴が掛けられるようになり、次に彫刻が施された板で段を組む、白木の彫刻祭壇になりました。そして、花祭壇の登場となったのです。

葬儀のイメージを変えた花祭壇

葬儀の花は、荘厳壇が装飾的になるにしたがって変化していきました。それまで造花であったものを、生花に切り替え大量使用したのは、名古屋の一柳葬具總本店が最初であったといわれています。同店では昭和十一年に「生花部」を新設しており、手桶や籐《とう》・青竹といった篭《かご》に生花を飾り付ける形式から、白菊・黄菊を多く盛り花にするスタイルへと、荘厳壇にあわせて花の飾り方を変化させました。

このように、装飾のスタイルは変わりましたが、この段階まで、葬儀の部屋は白幕で覆われ、荘厳壇は白木造り、白木の位牌（真宗では本来使用しません）、白の菊、喪主も白の喪服というように、全体的に葬儀は「白」のイメージでした。しかしながら、現在の花祭壇では、さまざまな花や色が使用されています。故人がバラの花が好きだったということで、バラの花一色で飾ったという事例もあります。花祭壇の登場は、装飾の変化だけでなく、こうした葬儀の「色のイメージ」を完全に変えてしまったのです。

「葬儀の花」はシカバナと樒であった

それでは、荘厳壇が登場する以前の花はどうだったのでしょうか。棺を中心にした簡素な荘厳で、出棺勤行を済ませると葬列を組んで野辺《のべ》送りを行い、ムラのサンマイ（三昧）で葬場勤行をしていた時代です。その頃、「葬儀の花」といえばシカバナと樒《しきみ》を意味していました。シカバナは、ご存じの通り釈尊が入滅されたとき、近くに生えていた沙羅《さら》双樹《そうじゅ》の花が一斉に散ったという故事によるものです。竹串などに小さな白い紙を付けたものでしたが、最近は飾られなくなってきています。

一方、樒は、枕飾りから用いられます。卓の上に、樒を生けた白の花瓶《かひん》と燭台、香炉を置くのが一般的でしょう。少し前までは、これに枕飯が必ず供えられていました。お仏壇の荘厳も切り替えて、打敷《うちしき》を裏返して白、花瓶も生花を止めて樒に代えます。

樒

樒　塔

「死」が確認されると、通常の生花を使うものではないという意識があったのでしょう。このように樒は、葬送の儀式において重要な意味をもっていました。

本願寺第九代実如上人の葬儀を記録した『実如上人闍維《じゃい》中陰録』に、御往生直後、臨終勤行を行うに際して本尊前の荘厳は「花ハ樒ナリ」とあります。葬所から帰って御堂での勤行が終わった後、御亭《おちん》での荘厳には「花足十二合。鍮石ノ三具足。花ハ樒也。御寿像ノウラニ。拾骨ヲオカル。」とありますから、花は樒であったと分かります。

では、なぜ「葬儀の花」が「樒」だったのでしょうか。残念ながら、樒に仏教的な意味や故事来歴はなく、日本人の民俗信仰による「死の作法」としか言いようがありません。古来、樒は死者の霊を依《よ》り憑《つ》かせる依代《よりしろ》と考えられてきました。正月の歳神《としがみ》を迎え祀る門松、盆のオショロイ様という精霊を迎え祀るホオヅキや、高野《こうや》槇《まき》といった盆花と同じ性格のものと捉えられます。京都では、いまでも墓前に供える花は生花ではなく樒とされており、カミ（神）に供える花が榊であるように、ホトケ（死者）に供える花は樒というのが、一般的だったのです。

葬具の世俗化、装飾化

葬儀とは、一人の人間の死に直面して、日常とは異なる時間と空間で執行される葬送の儀礼でした。ですから、葬儀には普段と異なるシカバナや榕といった「葬儀の花」を使って、「日常」ではなく「非日常」であることを表示したのです。しかし、現代の葬儀は仏教的な要素がなくなり、生前の個人らしさを表現する「演出の場」となっています。美しい花による装飾は、葬具が持つ宗教性を喪失させただけでなく、葬儀自体を世俗化させ、単なるお別れ会にしてしまったのではないでしょうか。遺体は隠され、「死」が見えなくなる中、いかに真宗としての葬儀を復権させることができるのか、課題の一つと捉えています。

東京の花祭壇

＊荘厳壇：浄土真宗本願寺派では祭壇を「荘厳壇」と呼称統一している。

「墓」は仏教か

「道標」浄土真宗を弘める会・浄土真宗本願寺派萬福寺
二〇一三年七月夏特別号

お盆になると、多くの日本人は墓参りをします。帰省して先祖の墓にお参りする。ごく自然な当たり前な行為と思っています。しかし、墓は仏教か、墓参りは仏教的な儀礼でしょうか。こう問われると考えてしまいます。

石塔は「仏」を表していた

実は、「墓とは何か」を定義することは難しいのですが、ここでは現在見るような「石塔」墓としておきましょう。たしかに仏教的な石塔は、平安時代末期からあります。親鸞聖人が生きられた鎌倉時代から多くなります。墓としての石塔の基本型は、五輪塔と宝篋《ほうきょう》印塔《いんとう》と言われています。ところが、これらの石塔は、本来、「仏」をあらわすもので供養塔でした。「造寺造塔」といって、寺や石塔を造って仏を供養し敬うものでした。

死者や先祖を祀る、墓としての石塔が一般化してくるのは江戸時代からです。しかし、それでもまだ一部の富裕層しか墓を持てませんでした。「〇〇家先祖代々」という「先祖」が墓に刻まれるようになるのも江戸時代後期からで、「〇〇家」は明治になってからです。それまでの墓には、法名が刻まれていました。ごく普通の人々が墓（石塔）を造るようになったのは、明治以降といってもいいでしょう。新しいのです。

埋葬墓地が先、石塔は後から

では、庶民には墓がなかったのかというと、そうではありません。遺骸や遺骨を埋めた埋葬墓地がありました。

三十年ほど前、全国各地の墓地を見て回っていたとき、佐柳《さなぎ》島という瀬戸内海の小さな島に行きました。ここは遺骸を埋葬する「埋め墓」と、霊魂を祭祀する「詣り墓」という石塔を別に建てる両墓制習俗で有名でした。墓地に足を踏み入れたとき、そこは石、石、石……おびただしい程の石積みされた光景が一面に広がっていました。よく見ると、埋葬（土葬）間もないのか脱ぎ捨てられた草履や息杖・死花・塔婆・野位牌・木偶《でく》の地蔵が置かれています。石積みの向こうには、澄んだ瀬戸内の海が広がり、真夏の青い空がどこまでも連続していました。たった一人で、この光景の中に身

佐柳島の埋め墓

真宗門徒の墓・旧徳山村門入

をおいたとき、不思議な感動に襲われました。「あぁ、人間は最後こうなっていくんだな、忘れ去られるんだな」という感慨でしたでしょうか。

ダム建設で水没した岐阜県の旧徳山村は、真宗門徒の村でした。そこの墓地を訪れたときも、同じでした。「石塔」は建っていませんでした。

縁ある人の中に住みたい

つまり、埋葬墓地に石塔が加わって、今日みるような「墓」が成立したのです。石塔は仏教的な供養塔でしたが、次第に死者や先祖を祀る「墓塔《ぼとう》」になりました。仏教は死者や先祖の霊が墓にいるとする祖霊信仰と習合しました。だから墓や墓参りは、仏教的な儀礼であると同時に、日本人の祖霊信仰なのです。

真宗門徒にとって墓とは何なのか。ある人に教えられたことがあります。お婆ちゃんが「私は重い墓の下などいきたくない、縁ある人々の中にすみたい」と語っていたと。

仏壇と写真

「道標」浄土真宗を弘める会・浄土真宗本願寺派萬福寺
二〇一四年一月新春特別号

浄土真宗の門徒は、仏壇を大切にしてきました。仏壇を新調するときは親戚もお金を出し合ったり、新家にでるときは本家が買ってもたせたりしたものです。朝夕のお勤めはもちろんでした。

ところで、「お仏壇の中に写真を入れるものではありません」と言われたことがありませんか。写真は、亡き人の遺影のことです。なぜ、仏壇の中に写真を安置してはいけないのでしょうか。小さなことですが、実は大きな問題が隠されています。

仏壇は臍

私たちは仏壇にお参りするとき、何に向かって合掌しているのでしょうか。本尊である阿弥陀如来なのか、それとも亡き人なのか、両方なのか。

「お仏壇は臍《へそ》のようなもの」と教えられたことがあります。私たちには、必ず臍があります。母親の胎内にいるとき、母親と臍の緒でしっかりと結ばれ、栄養や空気をもらっていました。しかし、オギャーとこの世の中に出ると、臍の緒はプツンと切られてしまいます。そして、もうお臍はあってもなくてもいいような、忘れられた存在になってしまいました。そして、お仏壇も在ってもなくてもいいようなもの、と思って生活しています。ところが、仏壇の本尊は臍のようなもの、ほんとうは「いのちの本源」でした。

お仏飯《ぶっぱん》を毎日供えるのも、阿弥陀様が食べるためではありません。御飯を食べなければ、この私の命をつないで生きていくことができない。だから、この私の命は「いただきもの」なので、毎日、お仏飯をお供えするのです。北陸や滋賀・広島の門徒の中には、「箸《はし》」を仏壇に置いている人がいました。食事をするためには、どうしてもお仏壇にお参りしなければならないようにするためです。

真宗門徒の仏壇・三河仏壇

仏壇と死者供養

「仏壇は死者を祀って供養するところ」とだけ思っていると、真宗の教えの大事な点が見失われてしまいます。『歎異抄』に「親鸞は父母《ぶも》の孝養《きょうよう》のために、念仏を申したことはありません」という有名な言葉があります。「孝養」は「供養」という意味です。真宗では、仏壇を死者供養する場とはしてこなかったのです。死者を供養して、どうこうできるという自力的な考えもありません。仏壇は阿弥陀如来の本尊を安置し、報恩謝徳の讃嘆《さんだん》をする場なのです。ですから、「仏壇に写真を入れてはいけません」と言われてきたのです。

色と形

それでは亡き人の写真をどうしたらよいのか。遺族感情としては、喪失感の中で「亡き人に会いたい」という思いが強いものです。写真の亡き人に向かって、語りかけます。語りかけずにいられないのです。

真実の如来は「色も形もない」と説かれます。亡き人（死者）も「色と形」がなくなってしまいました。しかし、写真には「色と形」が写っています。これを見て涙します。この涙の向こうにある、色と形に執着しない、亡き人の真実に出遇《あ》っていくしかありません。写真は方便《ほうべん》であり、方便は真実を知る手だてのことです。死者を供養し礼拝するのでなければ、小さい写真を仏壇の傍らに置くのはよい、と私は考えています。

「遺骨」とは何か

「道標」浄土真宗を弘める会・浄土真宗本願寺派萬福寺
二〇一五年一月新春特別号

死者と遺骨

人が亡くなると火葬にして遺骨を拾《ひろ》います。そして、一定期間お仏壇などに安置してから、墓や御本山に納骨します。現代では都市型のロッカー式納骨施設に納めたり、ペンダントにして身につける人もあります。日本人は遺骨にこだわってきました。敗戦から六十九年経っても、戦場に散った人の遺骨を収集しています。遺骨を拾ってあげないと死者が「うかばれない」という強い心情からでしょう。遺骨とは何なのでしょうか。考えてみるとよく分からなくなります。真宗門徒は、遺骨に対してどんな考えをもってきたのでしょうか。

オシャリサン

お仏壇の中に、図1のような遺骨がありませんか。俗称でオシャリサン・ノドボトケと呼ばれています。火葬後の拾骨《しゅうこつ》でこの骨を拾うとき、「きれいに出たので、死んだ人が成仏した」などと言われてきました。身体部分の骨を「胴骨」というのに対して、「本骨」とも称されています。

図1　オシャリサン

ノドボトケ（喉仏）と呼称するのは、喉のあたりに突起している骨で、仏さんが座っている形のようだ、ということからでしょう。しかし、これは俗信です。男性にはノドボトケがありますが、女性にはありません。この骨は、鼻や耳の骨のように軟骨であって、火葬にすると燃えてなくなってしまいます。だからノドボトケは、喉《のど》の骨ではありません。背骨の第二頸骨《けいこつ》です。解剖学の先生に教えてもらったのですが、第一頸骨は円形で真ん中に穴が空いています。この穴に第二頸骨の突起が、ちょうど枘（ほぞ）のように入って接合し、人間の頭を支えているのです。だから、とても大事な骨なのです。その形が、ちょうどお釈迦さまが座って悟りを開いたり、あるいは瞑想している姿に似ていることから、オシャリサン（お舍利さん）として拾骨されてきたのです。

「舍利」というのは、仏や高僧の遺骨のことです。仏教の中には、舍利信仰の歴史があります。

東は全拾骨、西は一部拾骨

東日本と西日本では、遺骨の拾い方が違います。東は全部の骨を拾う全拾骨、西日本は体の各部から少しずつ拾う一部拾骨です。

東京の拾骨に立ち会ったことがありました。ステンレス製のちり取り型の容器に遺骨を入れ、火葬場の係員が刷毛《はけ》でもって、小さな骨片まで残さないように骨壺に納めます。周りでは親族が、息を吞むように見守っていました。その光景は「儀式」といってもよいものでした。

骨壺の大きさも違っています。図2は横浜と名古屋のものを比較したもので、容量が横浜は名古屋の五倍です。関西では名古屋よりもさらに小さくなります。全拾骨と一部拾骨地域の境は、愛知県の尾張と三河辺りが境界になっています。どうしてこのように異なっているのか、その理由ははっきりしていません。

遺骨は、日本人の死者に対する信仰や仏教と結びついて展開してきました。真宗門徒にとって遺骨とは何か。

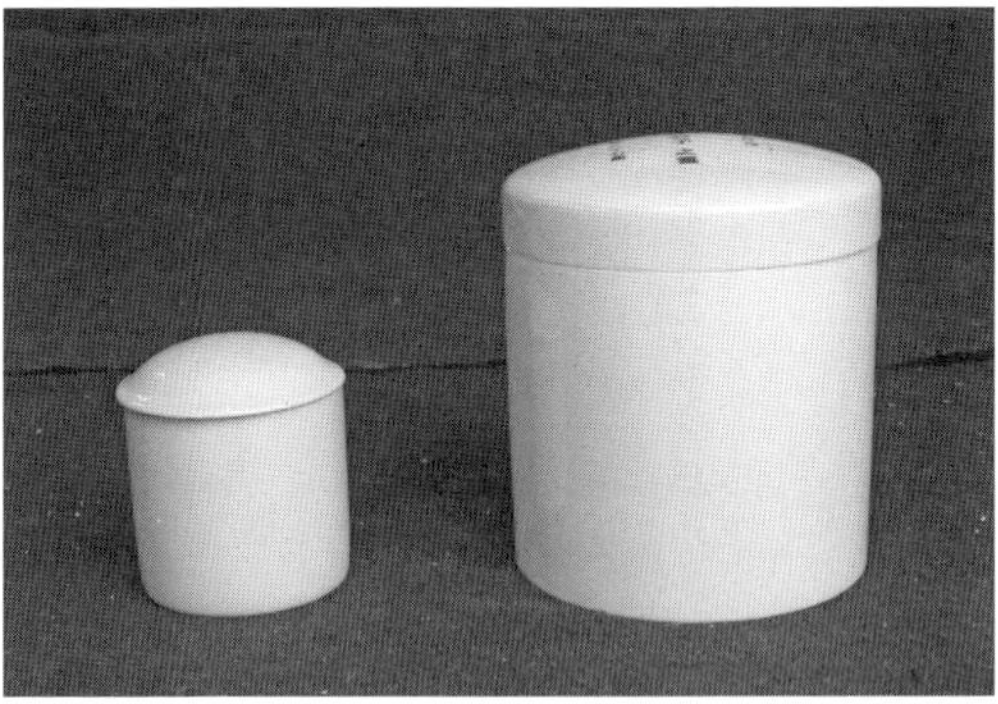

図2　左は名古屋の骨壺、右は横浜の骨壺

遺骨は霊魂の器とも考えられてきましたが、死者その人を象徴的に現しています。ところが真宗門徒は火葬にすると、本山納骨用として一部は収骨しましたが、残りは火葬場の近くに放置していました。「たくさん拾ってどうするの」という考えでした。だから無墓制といって、墓石を造らない門徒も各地にかなりあったのです。今ではごく普通の形態になって、こうした考えはどこかへいってしまいました。

「見えない他界」への回路をさぐる

「三河別院報」第二五号・真宗大谷派三河別院
一九九七年七月

絵解きフェスティバル

七月二十五日・二十六日と「絵解きフェスティバル in 岡崎」が、絵解き研究会主催・三河別院共催で行われる。「絵解き研究会」は純粋な学術研究会で、昭和五十五年（一九八〇）に発足。国文学をはじめ芸能史・民俗学・美術史・宗教史・音楽学など多彩な分野の研究者が、全国各地の寺社などに伝承されてきた絵解きの調査・記録・研究を地道に行ってきた。今回、真宗大谷派の三河別院との共同企画で、このような催しが行われるのはお互いにとって意義深いものとなろう。

小沢昭一氏の来演をはじめ、「親鸞聖人絵伝」「枕石山願法寺略縁起絵伝」「六道地獄図」「立山曼荼羅」の絵解きが実際に行われ、節談説教に「あの世と結ぶ絵解き――地獄絵にみる日本人の死生観」というシンポジュウムや地獄絵の展覧会も加わる。これらの内容に共通するものは何か、それは「絵」と「語り」であろう。

絵伝に描かれた一場面一場面を指し示しながら、その内容を物語りつつ仏教の教えに導いていく。語り手も聞き手も、ともに声と耳と眼を、それこそ「めいっぱい」使って物語り、また聞き取ろうとする。昔を知る年輩の方は、懐かしさを覚えるかも知れない。それは、かつての視聴覚による教えの伝達であり教化方法であった。

真宗においても、蓮如上人絵伝や名号・絵像本尊をはじめとする各種絵像類などが、蓮如忌や虫干し法会といったときに絵解きされ「読み縁起」が拝読されてきた。親鸞聖人絵伝についても絵解きされていた歴史がある。いまでも、住職が年頭の御講はじめの時に一幅携えてその説明と法話をしている、とかつて茨城県や新潟県の寺院で聞いたことがあった。

こうした絵解きが再生復活されるということは、今日の情報化社会にあって時代錯誤の方法だと見られるかも知れない。しかし、最近出版された『蓮如さん今を歩む』（北国新聞社刊）に「インテリ宗教家の悩み――『家内に問われても答えられん。話が難しすぎる』」、という研修に参加した門徒の声が紹介されていた。大学の講義口調になってしまったいまの教化方法が、必ずしもよいとは限らない。生身の人間が「分かる」「納得する」「うなずく」ということ、一方的な問いかけだけでは「語り」にならないであろう。蓮如上人は当時の人々に、決して説明や講義をしたのではなく、語りかけていたに違いない。『御文』は、語りの生きた声であった。

見える世界・見えない世界

絵解きされる絵伝には、よく地獄と極楽の世界が描かれている。しかし、現代人は明確な地獄も極楽浄土も喪失してしまった。人間生きているうちが華であり、もしそんな世界があるとすれば、生きているこの世界が極楽であり地獄にもなる、ということであろうか。

ある大学で宗教学の授業を担当しているが、毎年アンケート調査を実施している。その中に「人間の魂は死んだ後も残ると思いますか、そうは思いませんか」という項目がある。回答結果は、毎年「残る」「そうは思わない」ともほぼ五十パーセントずつである。ちなみに、「人間や自然を超えた、何か大きなものの存在を感じることがありますか」という質問に対しても、「ある」「ない」ともに、やはり五十パーセントずつである。現代学生の半数が死後も魂が残ると答え、超越的な大きなものの存在を肯定しているかのようにみえるが、彼らはそれほどはっきりとした考えや世界を持っているわけではない。大人も同じであろう。

宗教学の表現でいえば、地獄も極楽浄土も「他界」となるが、絵解きに描かれた地獄・極楽を通して仏法に導かれていた人々は、その前にまず「見えない他界」を信じて疑わない人間の感性を持っていた。「見えない他界」を信じていたからこそ、描かれた地獄・極楽の姿と説教者の語りによって教化されたのであった。現代では「見えない他界」は信じられなくなり、「見える他界」が求められる。墓の流行はまさにこのことを示しているし、いま話題の自然葬も「自然に帰る」という「見える他界」の捉え方であり、けっして仏教の「自然（じねん）」ではない。

女子大生に半年間、地獄の講義をしたとき、「これだけ地獄の絵をみせられ、あつく話されると信じないわけにいかなくなった」と感想を書いてくれた。地獄絵という「見える他界」を通して「見えない他界」への回路が通じたのであろうか。

真宗と地獄

真宗にとって地獄とは何か。自覚される「内面的な地獄」なのであろうか。『歎異抄』の「地獄は一定《いちじょう》すみかぞかし」はあまりに有名であるが、確かにここには自己存在のあり方を見つめた機の深信《じんしん》がある。御和讃では、「南無阿弥陀仏をとなうれば　炎魔法王尊敬す　五道の冥官みなともに　よるひるつねに　まもるなり」と述べられている。ここには死後中陰期間の三十五日目に待ちかまえる閻魔大王や地獄の冥官がいるが、生前の悪業をあばき裁断する恐い姿はない。高田派の葬送儀礼では、野袈裟と称される名号に「破地獄文」を記したが、真宗の地獄観は恐怖の世界ではなく、この「破るべき世界」ではなかったろうか。

真宗門徒が、地獄をどう受け止めるかは大きな課題であるが、絵解き法会《ほうえ》には、生《なま》身《み》の人間がどう生身の人間に語りかけていくのかという教化の方法と、教えを聞いていく姿勢の原点がある。そして、語りによって描かれた地獄が現実味を帯び、この私の内面に訴えかけてくるものがある。現代人にとって、「見える他界」から「見えない他界」への回路が隠されているのである。

緩和ケア病棟から――死・涅槃・往生――

『一味』七三二号・一味出版部
（行信教校・専精会本部）・二〇一三年七月

今この原稿を、ある病院の緩和《かんわ》ケア病棟の一室で書いています。原稿が印刷されて「一味」夏の号に掲載される六月末頃、妻はこの世にまだ生きているのだろうか。「緩和ケア」とは、仏教的に言えばビハーラ、キリスト教的にはホスピスと表現されているものです。延命治療を望まず、死を覚悟して、死に向かっての日々を過ごす病棟です。

一月末に妻を緊急入院させて検査をすると、大腸癌《がん》と肝臓癌と分かりました。肝臓癌は手が付けられないとのことでしたが、通常、大腸癌は手術をして切除し、人工肛《こう》門《もん》を付けます。しかし、その手術ができませんでした。あえて断念したと言った方がいいかもしれません。六十歳少し前の妻は、二十代後半からずっと病気ばかりしてきました。「何のために生まれてきたの」と問われれば、「病気をするために生まれてきたの」と答えるでしょう。とりわけ、七年前には水頭症《すいとうしょう》にかかってしまいました。水頭症とは、頭の中の髄液《ずいえき》が流れにくくなって脳を圧迫し障がいがでる病気です。レーザー光線で脳にバイパスを通す手術をしましたが、効果がありませんでした。外見はどこも悪くないのですが、脳から指令がいかないので手足が動かなくなり、言葉もほとんど話せなくなりました。ずっと寝たきりの状態です。それからも肺に水がたまる肺膿瘍《はいのうよう》など、三度ほど一か月の入院を繰り返して、入退院をするたびに体力が弱って、口から食物をだんだんと取ることができなくなってしまいました。今回の入院時には、すでに嚥下食《えんげしょく》といって食べ物をジューサーにかけたものしか喉を通らなくなっていたのです。ここに追い打ちをかけるように大腸癌と肝臓癌です。なんとか大腸癌の手術をしようとしたのですが、手術に耐えられるのか、手術できたとしてもその後は口から食物をとることができなくなってしまう、体に上から下から管《くだ》を付け、いずれは肝臓癌の進行で死期を迎えることになってしまう……。抗癌剤などはとても無理でした。

さて、どうするか。決断しました。手術はせず、延命治療はしないと。こう決断した最大の理由は、「もう、これ以上苦しませたくない、もう十分苦しんできた。できる限り、安らかにしてやりたい」という考えからでした。「抜苦《ばっく》」の基準です。ほどなくして、幸いにも今の病院の緩和病棟へ転院できました。「緩和ケア」というのは、もう治すための治療はしてくれません。余分な効果のない検査もしません。基本的には輸血もしない、心臓マッサージもしない、薬用の麻薬も使います、という同意書にサインをしました。

病院に入院していても、もう治るためではありません。行き着く先は、確実に「死」です。これはこれで、厳しいものがあります。手術や抗癌剤投与をすれば、癌と闘い、戦うことの中に生きよう、治るかもしれないという希望をもって自らを奮《ふる》い立たせることができます。緩和ケアでは、それは出てきません。死への道程しかありませんん。どう死ぬか、どう死なすか、しかありません。

私たちが死ぬことができるのは、釈尊と親鸞聖人の死を知っているからです。二年前、ようやくにしてインドへ行くことができ、仏跡を巡拝してきました。自らの死期を覚《さと》った釈尊は生まれ故郷を目指して歩き出します。「仏陀《ぶっだ》最後の旅」です。ガンジス河を渡り、クシナガラまできたとき、布施をうけて食したキノコにあたって亡くな

クシナガラ・涅槃堂内部の様子

られたと伝えられています。苦しむ釈尊は、「アーナンダよ、私の着ている衣を四つに折って、そこに敷いておくれ。私はそこに坐《すわ》りたい」と言われました。朝の六時三十分、ホテルを出発して涅《ね》槃堂《はんどう》へ行きました。堂の入り口で靴だけでなく靴下まで脱《ぬ》いで中にはいると、すでに世界各地からの巡礼者で一杯でした。僧院から五世紀に発掘されたという約五メートルの石造涅槃像の周《まわ》りに人々は座り、狭い堂内が人いきれと声明《しょうみょう》で充《み》ち満ちていました。これが毎日行われている光景だと思うと、ブッダガヤと同じく「異様」であり、「聖地」であることを知らされました。涅槃堂の正面には沙羅《さら》の木が二本ありました。この地は街から離れたところであったようで、入滅当時はもっと多くの沙羅の木が生えていたかもしれません。涅槃堂からルンビニーへ向かう途中、沙羅の木が群生する森があって休憩を取りましたが、そんな静かな場所を釈尊は最後の地として選んだのではと思いました。仏陀最後の旅は「涅槃への道」であり、死は「大いなる死」でありました。

親鸞聖人は弘長二年（一二六二）十一月二十八日の正午頃、齢九十年の御生涯を静かに閉じられました。場所は京都の柳馬場《やなぎのばんば》通り御池上がるにある柳池《りゅうち》中学校の辺りです。傍らで看取ったのは娘の覚信尼公、越後から出てきた子供の益方《ますかたの》入道《にゅうどう》、弟子の専信・顕智、実弟の尋有《じんう》僧都《そうず》で、それほど多くの人はいなかったでしょう。『御伝鈔』には、「声に余言をあらはさず、もっぱら称名たゆることなし……つひに念仏の息たえをはりぬ」とあります。為すべきことを為し、あきらかにすべきことをあきらかにしての、静かな「御往生」でした。単なる死ではありません。

沙羅の木の群生（クシナガラからルンビニーへ向かう途中）

　釈尊の涅槃と親鸞聖人の御往生を想うと、つくづく現代人は不幸であると思います。便利な情報化した社会、高度に医療が発達した社会になりましたが、死ぬことに関してだけからみれば、けっして幸せではありません。いま、死にゆく妻に私は何もできません。動くことができず、発語もできない、南無阿弥陀仏の一声もだせないので、病室に息子と交代で泊まり込んでいます。「傍《そば》にいつも居るよ」「心配しなくてもいいよ」「おまかせしろよ」「まかせろよ」と、声をかけつつ……。

死、そして葬儀

「放光」第五号・真宗大谷派長善寺
二〇一三年八月・一部加筆修正

去る五月七日午後五時十一分、名古屋掖済会《えきさいかい》病院（名古屋市中川区）にて、長善寺坊守《ぼうもり》・住職の妻である蒲池逸子が亡くなりました。満年齢五十八歳、享年六十歳でした。死因は大腸癌《がん》と肝臓《かんぞう》癌、および癌にともなう多機能不全です。そして、五月十日に長善寺葬として葬儀を済ませました。法名は「見徳院釋尼逸玉《けんとくいんしゃくにいつぎょく》」です。

癌、緩和ケア病棟へ

一月三十一日、名大病院に緊急入院、検査、そして大腸癌と肝臓癌とわかりました。普通、大腸癌は手術して人工肛門《こうもん》を付けます。食べられなくて点滴になっていました

緩和ケア病棟、廊下の左右に病室がある

が、それでも体からは老廃物《ろうはいぶつ》がでます。手術しないと大腸が閉塞《へいそく》してガスがたまったり破裂する、あるいは口に逆流するそうです。手術に耐えられるかどうか、成功しても肝臓癌はどうにもできませんと言われました。延命治療をするかどうか……、結局、この手術を断念しました。この時考えたことは、ただ一つ、「なんとしても癌の痛みと苦しみだけは回避させたい」ということでした。そして、幸いにも三月二十七日、中川区の名古屋掖済会病院に転院できました。緩和《かんわ》ケア病棟では、もう「治す治療」はしてくれません。カロリーも水分も半分に減らして、最低限の状態です。痛みが出る前に麻薬の痛み止めを投与します。四月は、穏《おだ》やかな入院生活を送ることが出来ました。医師も看護師さんも、とても暖かく接してくれました。お風呂に入ったり、ボランティアの音楽会や、美容マッサージまで受けました。

名大病院から掖済会病院へ、ずっと私と息子が交替で泊まり込みました。母も昼間は付き添いです。なにしろ、動けない、ナースコールのボタン一つ押せない、言葉が話せない、という状態ですから、家族の者が傍らにいて看《み》ていてやらなければなりません。これまで何回もした入院でもそうでした。病院からお寺へ出勤したり、毎日往復した生活でした。

そして、五月二日に「あと、一週間です」と最後の宣告、やはり突然でした。

水頭症の手術と介護

妻は二十代後半から病気ばかりして、介護生活を送っていました。妻も私も精神的にかなり追い込まれましたが、この頃のことは、まだ私の中で整理できていませんので語ることができません。しかし、七年前に水頭症《すいとうしょう》という病気になりまして、ここからが必死でした。水頭症というのは、頭の中の髄液《ずいえき》が流れにくくなって脳を圧迫し障がいがでる病気です。最初は病名がわかりませんでした。歩くことができなくなり、水を飲もうとしてもコップを口に持っていくことができなくなりました。ごく普通の動作ができないのです。いろいろ検査してたどり着いたのが水頭症でした。頭の額《ひたい》の上あたりに穴をあけ、レーザー光線で脳にバイパスを通す手術をしました。手術はうまくいったのですが、しばらくすると元に戻ってしまいました。脳から指令がいかないので手足が動きません。言葉もほとんど話せなくなりました。ずっと寝たきりの状態です。

介護は私一人ではできず、母との二人三脚、息子も手伝ってくれました。まず困ったのは、介護保険に認めてもらえなかったことです。水頭症は認定外の病気だったのです。役所へ二回申請しましたが、だめでした。ですから身体障がいの認定でした。縦割《たてわり》り行政の矛盾です。ですから、まわりにデイサービスの介護施設がたくさんあっても利用できません。ケア・マネジャーのような、相談できる人もいませんでした。身体障がい者制度には、ケア・マネジャーが付きません。苦労して連れて行った病院でのリハビリも、三か月でうち切られ困ってしまいました。いろんな人に聞いて、ようやく訪問看護師の方に来てもらえるようになり、ほっとしたことを覚えています。ヘルパーさんも来てもらえるようになり、お風呂にも入れてもらえるようになりました。この頃には、「自宅で介護する」と覚悟を決めました。

朝起きると、まずお襁褓《むつ》の交換です。お襁褓にもいろいろあり、あて方も違います。

交換したお襁褓はどんどんたまります。これを処理しなければなりません。三度の食事も、柔らかいものを食べさせました。薬も朝食前、朝食後、昼食前、昼食後、夕食前、夕食後、寝る前と何種類かあり、水で飲めませんから粉末にした薬を「ごっくんゼリー」に混ぜて飲ませました。飲み込む力がないので、肺にはいると肺炎になってしまいます。食べると出さなくてはいけません。便秘でこれまた大変でした。

車椅子《いす》も四台買い換えました。車椅子は、十五万、二十万とずいぶんと高いものです。一日に四回はベッドと車椅子の移乗でしたから、腰を痛めました。いつも誰かが家の中にいないと不安で、夜の九時には寝かせるために必ず居なければなりませんでした。車椅子で夜中に、名大病院の救急センターへ連れて行ったり、救急車にも何回かお世話になりました。病院へ行くために、車椅子の乗る車も自己負担で買いました。

「その時」…死

五月二日に「もうあと一週間です」と宣告を受けてから、一日一日、刻一刻と容態が変化していきました。そして、傍らで付き添っていますと、異様な圧迫感におそわれました。いつなのか、迫り来る死の瞬間、いつなのか……分かりません。四月後半から亡くなった五月七日までの様子を、ベッドの傍らで記録したメモ書きで追ってみます。

四月二十二日

昨晩も寝る前に唸《うな》りだしたので痛み止めをいれた。そのせいもあって夜中は寝ることができたようである。逸子が目を覚ましてしばらくすると、手足のマッサージをしてやる。右手はちょっと動くが他は動かない。寝ていて首を少し左右にすることはできるが、ほとんど動かないといってよい。首を持ち上げて角度をなおすとき、首が堅くなっていることに驚く。もうずっとのことであるが。首の下や肩胛骨のあたりも揉んでやる。顔の筋肉にも刺激を与える。こうして逸子の体に触れていると「肉体」ということを実感する。体感する。そして、いつまで、この体感があるのだろうかと、ふっと考えてしまう。そのときは、この体感を感じることができなくなる時は必ず来るのだ、と思う。その後、口の中に乾き止めを塗ってやる。これで一段落。

五月一日

今日から五月に入った。余命宣告されてから三か月が経過したことになる。逸子の様子はといえば、……確実に動きつつある。本日から胸に貼っている痛み止めの薬用麻薬が二枚になった。血尿が出だした。痛み止めを一日に二回は使うようになり、今日は三回目である。本人の口から「痛い」とは言えない。ウゥ～ンと唸るだけであり、この唸り方が変わってきた。前はウンチを出すのに苦労している感じであったが、このところは痛みの感じになってきたように思う。今年のゴールデンウィークは三連休と四連休に分かれている。あさって三日から後半が始まる。いつものごとく関係なし。とりわけ、いまは逸子とともに居ることが大事である。「休み」「休日」というものがどういうものか、もう忘れてしまった。行楽ということなども意味不明となった。逸子の顔を見る。顔の表情を読みとる。少しえらそうな気がするが、我慢できない痛みは感じていないようだ。しかし、徐々に痛みは増しているようにもみえる。もう安らかな逸子の顔は見られないのであろう。

五月二日

朝は五時半頃に起床、布団をたたみ、顔を洗うとナースステーション前のホールへ行って朝食。いつも前日の夕方、コンビニでパンと牛乳・サラダを買っておく。その後、病室に戻ると看護師さんが来ていて体位と今日一日分のカロリーである点滴交換、あるいはオムツを交換してくれるので、その補助をする。それから、自動販売機のブラジルコーヒーを百円コイン一つで買って、再び病室へ帰る。そして、朝の定期便である自宅へ電話をする。今日は、とてもすばらしい空の色であった。雲一つなく、うすいブルーの空色であった。風は冷たい。五月に入っても、二十度を切り、朝晩は十度を切ったりしている。

五月三日

逸子の病状はシステム手帳に記録してある。昨日、医師から「あと一週間」と言われた。二日くらい前から状態が動き出し、次の段階に移りつつあることは想像していたが、やはり一週間と宣告されると、突然であった。どこかで、まだ半月から一か月はいいだろうと思っていた。急激に逸子の体が「壊れつつある」のだ。逸子は、もう私と話すこともできない。かろうじて、本当にかろうじて、顔の表情で意思疎通をわずかばかりしている。と、私は感じているのだが、逸子がどこまで分かっているのか、それも分からない。体中の毛細血管が、いたるところで壊れてきている。右腕の内側に赤い斑点が昨日より増えた。逸子と一緒にいることのできる時間は、もう限られている。しかし、日常の仕事は突然に出てくる。ベッドの傍らにいても、これが特別な時間だという感触はうすい。まだ、大丈夫だろうという期待があるからであろう。この時間が、今しばらくは続くことができるだろうと思ってしまうのであろう。

ツツジが満開である。長善寺のツツジも今年はきれいだ。今朝、六時半頃に家を車で出たとき、Yさん宅のツツジをお婆ちゃんがみて、「逸子は、ツツジが満開の時に逝ってしまうのか」と呟いた。私も、同じ思いであった。

「死ぬ」とは、どういうことか。逸子の「身体がモノになることだ」。モノになった身体は、もう「逸子ではなくなってしまう」のだと思う。逸子が逸子でなくなってしまうこと、それが死ではないのか。

五月六日
ゴールデンウィークも今日まで。快晴である。二日から逸子の病状が急変してきている。最終ステージへと変わったと言ってよいだろう。二日には、高カロリーの点滴ができなくなり、右腕の手首下に点滴の場所を変えた。しかし、もう充分な点滴はできず、二百キロカロリーになった。水分の量も減らした。人間に必要なカロリーは、一日に体重一キロに対して五キロカロリーで、逸子の現体重は四十キロ？　なので二百キロカロリーとなる。

四日には、痛み止めシールが三枚になった。酸素吸入も始めた。足の浮腫《むくみ》もかなり目立つようになった。五日の深夜には、痰を二回取ってもらったと息子が報告したので、内心びっくりした。先生も何度か見てくれて、私と話をする必要があったようだ。五日夕方、覚悟して病院へ来ると、まだ私が想像していたよりは穏やかな表情であった。名前を呼べば、なんとか目をあいて反応する。息も荒くない。苦しそうでもない。痰も、まだほとんど出ていない。とはいっても、やはり今週中、あと三、四日に迫っていると感じた。

今、六日の午前七時二十分、酸素が八十三と低くなってきた。目を開けようとしても、うっすらと白目だけである。反応がより鈍化してきているのか。苦しそうな様子はない。目をつむったまま、寝ている間に、すっと逝ってしまうのだろうか、逸子は……。

いま、午後七時五十分。逸子の状態は、いま危篤状態なのであろう。痛がっていない、苦しんでいない、だからこちらは油断しているに違いない。声も出さないから、傍らにいても、逸子の身体で起きていることが理解できないのだ。反応は、もうほとんど無くなってきている。胸の呼吸も少し大きくなってきている。息をしているのかどうか分からないので、顔に触れ、手に触ったりして確かめるようになった。静かすぎる、静かすぎるのだ。だから、つい油断してしまう。私の胸から「不安」が離れない。

五月七日

五時二十五分　（眠るために）目を覆《おお》っていたタオルをとったら、きちんと目を開けた。「勢至さん、いるよ」と何度も声を掛けていると、また目は細くなり、目をつむってしまった。細い白目である。完全に閉じる力は、もうない。

八時二十五分　目に黄疸《おうだん》が出てきている。先生と話す。息がゼェゼェするようになると、点滴を止める、足から脈がとれ、心臓は若いからまだもっている、足の浮腫《むくみ》だけでなく、脳も水分過多になり、同じ状態になっているという。痛みは感じていないはずである、尿の量も少なくなってきている、危篤というより厳しい状態で、現在は悪いなりに小康状態なのだという。もちろん、いつ急変してもおかしくない、とのこと。白目になるのは、痩せてきて眼球が飛び出し、瞼が閉じられなくなるからだと説明された。

九時〇〇分　はっきりと計ることができなかったが、血中の酸素は八十八、熱は三十七・〇、脈も少し低い。痛み止めの「フェントス・テープ」一mgを三枚貼る。

九時三十分　部屋の掃除に来る。トイレ掃除と部屋の掃除は別の人である。

十時三十分　体とシモを洗って拭き、病衣交換。このとき目を開く。

十一時三十五分「その時」の来ることを、あれこれと考える。「その時」の来ることが、正直「恐い」と思う。

十二時十五分　午前中、体を拭いてもらった後から、逸子の体が冷たくなってきた。体温が下がってきているのか、三十五・六度、尿も出なくなった。尿も朝から増えていない。昨日までは出ていた。「その時」を待つのも辛い、辛い……。逸子の顔に手をやると、だんだんと冷たくなってきている。

十四時三十分　呼吸しているのか分からないので、布団の胸のあたりに付箋《ふせん》を付けた。息をすると付箋がわずかに動く。「逸っちゃん、息するんだよ」と声を掛ける。

夕方の五時十一分、私と息子、母、義姉の見守る中、妻は静かに息を引き取りました。心配した最後の苦しみだけは感じることなく逝ってしまいました。病院での後のことを息子に任せて、一足先に自宅に戻ろうと駐車場まで行くと、青い、美しい、透き通るような空が広がっていました。その空の向こうに妻の顔が浮かんで、しだいに遠ざかっていきました。「逸子は逝ってしまった」、と思ったことを覚えています。

葬儀執行

寺の葬儀は大変です。門徒さんへの連絡、総代さんや世話方役の人たちに集まってもらい役割分担、導師や儀式執行をしてもらう僧侶への依頼と相談・次第の決定、葬儀社による本堂内部の荘厳、境内のスロープ作りとテント張り等々。その間に弔問の人が訪れ、その中で湯灌もおこないました。湯灌は専門の方が二名来ました。最初は、男性なのか女性なのか、分かりませんでした。何度も見ましたら、男装をした若い女性でした。通夜から葬儀、そして出棺、八事火葬場、拾骨から帰宅しての還骨勤行終了まで、もう疾風怒濤のように一挙に時間は流れていきました。お寺の葬儀は昔の姿を残していまして、喪主は鈍色《にびいろ》といって灰色の衣を着け、青竹をつき、素足《すあし》で草鞋《わらじ》を履きます。葬儀壇も、かつて火葬場でおこなった葬場勤行の野卓《のじょく》形式です。「肩入れ式」といって、棺を運ぶ儀式も行いました。

妻の死を悼む時間も余裕もありません。ただ一つ、「最後に、できるだけのことは、やってやろう」という気持ちでした。葬儀の中で総代さんが読みました式文（弔辞）の一部を掲載します。

書院から本堂へ棺を移動、喪主は草鞋に青竹の杖

逸子様は、前住職・蒲池敬《たかし》様と遵《じゅん》子様の長女として昭和二十九年十一月十九日にお生まれになり、……昭和五十四年十月に現《げん》御住職とご結婚され、すぐに副住職様が誕生されました。門徒一同、嬉《うれ》しくそのお姿を拝見していたことを思い出します。

しかしながら、御住職の話によれば、三十代頃から体調を崩《くず》され、さまざまな病気で入退院を繰り返されたそうです。とりわけ七年ほど前には水頭症《すいとうしょう》という難病になられ、車椅子《くるまいす》の生活、さらには全介助《ぜんかいじょ》の介護生活をご自宅で余儀なくされました。それでも、訪れてくれる介護ヘルパーさんの力をお借りして、ここ一年は穏《おだ》やかな日々を送られていたそうです。

焼香台近くの花

長善寺住職の妻・坊守《ぼうもり》として長善寺を守り、御《ご》門徒《もんと》、皆様方の先頭に立って真宗のみ教《おし》えに生きなければと思いつつ、それができない申し訳なさと無念さを感じていた、とのことであります。

坊守・逸子さん、御住職との三十四年に渡《わた》る人生の歩《あゆ》みは、決して無駄ではありませんでした。病気との闘《たたか》い、病苦《びょうく》との葛藤《かっとう》の毎日であったかと思いますが、その中で、気持ちの優しさと美しさを忘れることなく、自らが傷ついても、人を傷つけることができなかったお人柄《ひとがら》であったとお聞きしました。ご家族らの懸命の介護も空《むな》しく、五月の抜《ぬ》けるような青い空、躑躅《つつじ》が咲き誇《ほこ》るこの時、限《かぎ》りなき思いを残しつつ逝《ゆ》かれましたが、身《み》を以て愛別離苦《あいべつりく》の道理《どうり》をお示しになられました。どうか阿弥陀如来様の大きな救《すく》いのみ手に抱《いだ》かれてお浄土《じょうど》に生まれ、美しい仏となり、朝な夕《ゆう》な、私たちの心に帰ってきて、私たちをお導《みちび》きください。阿弥陀様、大悲《だいひ》大慈《だいじ》の御心《みこころ》をもってお願い申し上げます。

二〇一三年五月十日

長善寺檀家総代

普通の場合は、読む人が自分で作るものですが、お寺の葬式ではなかなか難しい一面があります。そこで、住職である私が代わって作成しました。通夜前日、誰もいなくなった深夜の午前二時か三時ころでしたでしょうか、一人で涙を流しながら精一杯の思いを込めて作りました。表現の一部を、豊原大成氏の『表白集』から借りています。

お経が泣いている

妻に「何のために生まれてきたの」と聞けば、「病気をするために生まれてきたの」と答えたでしょう。病気ばかりの一生でした。介護は確かに大変でしたが、とても「かけがえのない、大切な日々であった」と感じています。そして、「もっと、もっと、介護をしてやりたいのに、もういない」という思い、ヘルパーさんたちにも来てもらって、大変でも楽しく介護したい。寂しさと喪失感《そうしつかん》の中にいますが、介護できなくて「つまらない」のです。

朝晩のお経を読みますと「お経が泣いています」。

あとがき

はたして一冊の本になっているのだろうか。本書は、急に思い立ってまとめたものである。折々、求められるままに書いてきた原稿、講演記録のテープから起こした原稿などを取捨選択して章立てにした。短文のものが多く、文体も不統一の感がまぬがれない。

ここ十年くらいの間に書いたものが主であるが、二十年近く前のものもある。それは蓮如上人五百回忌（一九九八年・〈平成十〉）の頃に書いたものであった。もっと前のものも一本ある。一九九〇年（平成二）、つまり二十五年も前のもので、ちょうど、『名古屋別院史』編纂の仕事をしていた頃であった。章立てした内容との関連から載せることにした。古いからといって価値が失われるわけではない。採録したものは、いずれも私がずっと持ち続けてきた関心事であり、四十歳前後から現在までの私の歩みそのものである。

第一章「Ⅰ　真宗の暮らしを訪ねて」は、真宗門徒としての信仰生活・歳時習俗についで述べた。二〇〇一年に『真宗民俗の再発見』という本を出したが、その続きである。お仏壇の灯明の火や門徒の墓、彼岸団子、法名軸、盆灯籠、在家報恩講を取りあげ、こうした行事や小さな事柄のなかに真宗門徒としての信仰の姿をみようとする。御仏飯・お華束・お斎など、「食」についても関心を持ち、真宗門徒としての伝承文化の意味を捉えようとした。

第二章「Ⅱ　真宗門徒の力」は「門徒の結集力」について考えた。本山両堂の再建や御坊の建立に結集した門徒の力は、「講の力」によるものであった。それはまた、赤尾の道宗に示された「信心の力」でもある。湖北地方の絵系図まいりやハカマイリは、真宗門徒としての民俗であり、門徒としての力が生み出した生活文化であった。

第三章「Ⅲ　葬儀の崩壊と再生」は、現代葬儀に対する問題提起であり、私自身への問いかけである。タイトル「尾張の土徳」「葬儀の崩壊と再生」という表現は、もともと「名古屋御坊」紙によるものであったことを断っておく。今の主流になった葬儀会館での葬儀は、もう二、三十年前の葬儀ではない。従来の葬儀は「崩壊」してしまった。死に方も、死の意味も、儀礼も、死者に対する遺族の意識も、すべて変化してしまった。現代葬儀については多くの問題と課題があり、現場の住職は悩んでいる。ご門徒も迷い流され続けている。ではどうするのか。「再生」については充分に述べることができなかったが、妻の死に至る過程、死、そして葬儀を通して葬儀のあるべき姿や儀礼の意味について問い続けている。いずれ現代葬儀について具体的に語ってみようと考えている。

「崩壊」はもちろん葬儀だけではない。真宗門徒の伝承文化が崩壊してしまった。あるいは風前の灯火になっている。真宗門徒が続けてきた朝夕の勤行はなくなり、彼岸やお盆の墓参りはごく普通の民俗になってしまった。講組は消滅し、在家報恩講も少なくなり、寺報恩講も参詣者が減って一昼夜や一日のところが多い。お斎は坊守さんが孤軍奮闘しているが、門徒と一緒につくる手作りは不可能になって、業者に注文するよう変化しつつある。

こうした変容と崩壊の原因は社会の変化である。日本の社会は高度経済成長期に大きく変化したが、平成以後の変化もすさまじい。地域の共同体は崩壊し、近世以来続いてきた「家」も崩壊、家族もばらばら、若者と老人は別居して老々介護と独居老人の孤独死、高齢化社会と少子化、格差社会……。「仏壇を片づけますので、お参りしてください」と頼まれることが多くなった。常飯・逮夜参り・月経などとよばれる月忌参りは年々減少し、年忌法事をしない家が多くなった。寺院経済からみれば先行き不安である。寺がつぶれていくのでは、という危機感を現場の住職は抱いている。家が崩壊して家族形態も変わったということは、民俗学でいう「先祖」が死んだということである。「先祖」は「家」によって継承されてきたからである。先祖は死んだが、死と死者は眼前にある。激しいまでの社会変化と価値観の変化であるが、それでもこの現代社会のなかで何かを見いだし、人は生きていかねばならない。妻に先立たれても、それでも食べて生きて行かねばならない。釈尊は「激流を渡れ」と語っていた。

宗教とは何か、真宗とは何か、真宗門徒とは何か、信仰とは何か、そして生きることはどういうことか、さらに死ぬということはどういうことか。二十歳代初めの頃から考え続けてきた。真宗の一僧侶になってからは、真宗と真宗門徒の原初の姿、原点を見てみたいと歩いてきた。六十代半ばになり、経験を積んで多少は幅広くなったかもしれない。明らかになったこともあるが、しかし、依然として一向に明らかにならないことも多い。まだまだ道半ばなのであろう。いつであったか、亡くなった父が釈迢空（折口信夫）の歌を教えてくれた。

葛の花　踏みしだかれて、色あたらし。この山道を行きし人あり

一人で山道を歩いている。ふと足元を見ると、踏みしだかれた葛の花の色鮮やかさが目に飛び込んできた。そして思う。あぁ、すでにこの道を先に歩いていった人がいたのだと。美しさに感動し、驚く心を忘れず、謙虚に驕ることなく先人の道に学び、倦むことなく歩み続けることしかないのであろう。そして生死を超えていく。

今回も法藏館と上山靖子氏のお世話になってしまった。出版不況の中、さらに急なお願いにもかかわらず、こうして一書を世に送り出せることが有難い。御礼申し上げるばかりである。

二〇一五年一月　大寒の日

蒲池　勢至

蒲池勢至（がまいけ　せいし）

1951年愛知県生まれ。同志社大学文学部文化学科・同朋大学文学部仏教学科卒業・博士（文学）。現在、真宗大谷派長善寺住職・同朋大学仏教文化研究所客員所員。
著書：『真宗と民俗信仰』（吉川弘文館）、『真宗民俗の再発見』（法藏館）、『民衆宗教を探る　阿弥陀信仰』（慶友社）、『お盆のはなし』（法藏館）、『真宗民俗史論』（法藏館）、『太子信仰』（編著・雄山閣）、『蓮如上人絵伝の研究』（共編著・東本願寺出版部）他。

真宗門徒はどこへ行くのか
――崩壊する伝承と葬儀

二〇一五年四月二〇日　初版第一刷発行
二〇一六年五月二〇日　初版第二刷発行

著　者　蒲池勢至
発行者　西村明高
発行所　株式会社　法藏館
京都市下京区正面通烏丸東入
郵便番号　六〇〇-八一五三
電話　〇七五-三四三-〇〇三〇（編集）
〇七五-三四三-五六五六（営業）

装幀者　熊谷博人
印刷　立生株式会社　製本　清水製本所

ISBN 978-4-8318-6230-3 C1015